図書出版のぶ工房

［九州文化図録撰書］
An Anthology of Selected Depictions of Kyushu Culture Volume 1

長崎街道

大里・小倉と筑前六宿

内宿通り底井野往還

＊本書に掲載した地図は、国土地理院長の承認を得て、同院発行の２万５千分の１地形図、２０万分の１地勢図を複製したものである。（承認番号　平２１九複、第９３号）

◇複製をした地図の発行年月日（複製をした地理院発行の地図の種類）

２万５千分の１地形図

図　名	発行年月日
下　関	平成１８年１２月　１日
小　倉	平成１９年　３月　１日
八　幡	平成１９年　１月　１日
折　尾	平成１８年１１月　１日
徳　力	平成１８年１２月　１日
中　間	平成　９年　９月　１日
直　方	平成　９年１０月　１日
飯　塚	平成　９年　７月　１日
大　隈	平成　９年　５月　１日
二日市	平成１２年　５月　１日
甘　木	平成１２年　２月　１日
鳥　栖	平成１４年　６月　１日

２０万分の１地勢図

図　名	発行年月日
福　岡	平成１８年　５月　１日

◇複製をした地図の範囲

２万５千分の１地形図の１２点は、１２５頁に指示の１４枠内の範囲

２０万分の１地勢図の１点は、１２５頁の範囲

◇複製の作業方法

１、加除訂正　旧長崎街道のルートと案内文字を追加等

２、伸縮の度合　２万５千分の１地形図の１２点は、約２万８千分の１に縮小
２０万分の１地勢図の１点は、約２３万分の１に縮小

３、色調　２万５千分の１地形図の１２点は墨１色
２０万分の１地勢図の１点はカラー４色

４、成果品の大きさ　Ａ４（縦２９・７×横２１・０センチメートル）

［九州文化図録撰書］
An Anthology of Selected Depictions of Kyushu Culture
Volume 1

［目次］*Contents*

長崎街道
大里・小倉と筑前六宿
内宿通り底井野往還

◆冷水峠　初代駐日公使オールコックがスケッチした地蔵堂周辺の風景。

◆黒崎宿　曲里の松並木。

Preface
0 異文化の情報路長崎街道／4
文責◆稲富裕和［郷土史研究家］

Chapter
1 長崎街道と、その宿駅をめぐる若干の問題点／7
文責◆丸山雍成［九州大学名誉教授］

2 大里宿／14
文責◆田郷利雄［郷土史家］

鳥越・赤坂・高浜／22

3 小倉城下／23
文責◆稲津義行［小倉郷土会員／長崎街道小倉城下町の会理事］

4 黒崎宿／34
文責◆前山利治［八幡郷土史会顧問／郷土歴史研究者］

上の原・上津役・石坂／44

5 木屋瀬宿／46
文責◆水上 裕［木屋瀬みちの郷土史料保存会 会長］

6 直方・小竹／56
文責◆牛嶋英俊［地方史研究家］

7 飯塚宿／66
文責◆嶋田光一［飯塚市歴史資料館 館長］

徳前・堀池・楽市
天道・瀬戸・寿命
長尾・阿恵／74

8 内野宿／78
文責◆百富進美［郷土史家／内野宿薩摩屋］

9 冷水越え／86
文責◆大町秀一［内野ふるさと創生会 事務局長／内野郵便局長］

10 山家宿／94
文責◆深町希彦［山家の史跡等を守る会 事務局長］

11 原田宿／106
文責◆山村淳彦［筑紫野市歴史博物館 主任主査］

12 ［付編］底井野往還／116
文責◆遠藤 明［底井野宅子の会］

◆小竹町　街道の夏風景。

◆発行人：遠藤順子　◆編集人／装幀／本文デザイン／DTP作成：遠藤 薫　◆撮影：遠藤カヲル（各資料館提供分／クレジット記載分を除く無記名分は全て）

◆装幀、表紙、大扉に掲載の象の絵は、長崎県立図書館蔵の『象志』大扉の「馴象圖」。装幀に掲載の建物は、内野宿「小倉屋」。大扉の人物は、小田満二氏蔵の「小田宅子肖像」。

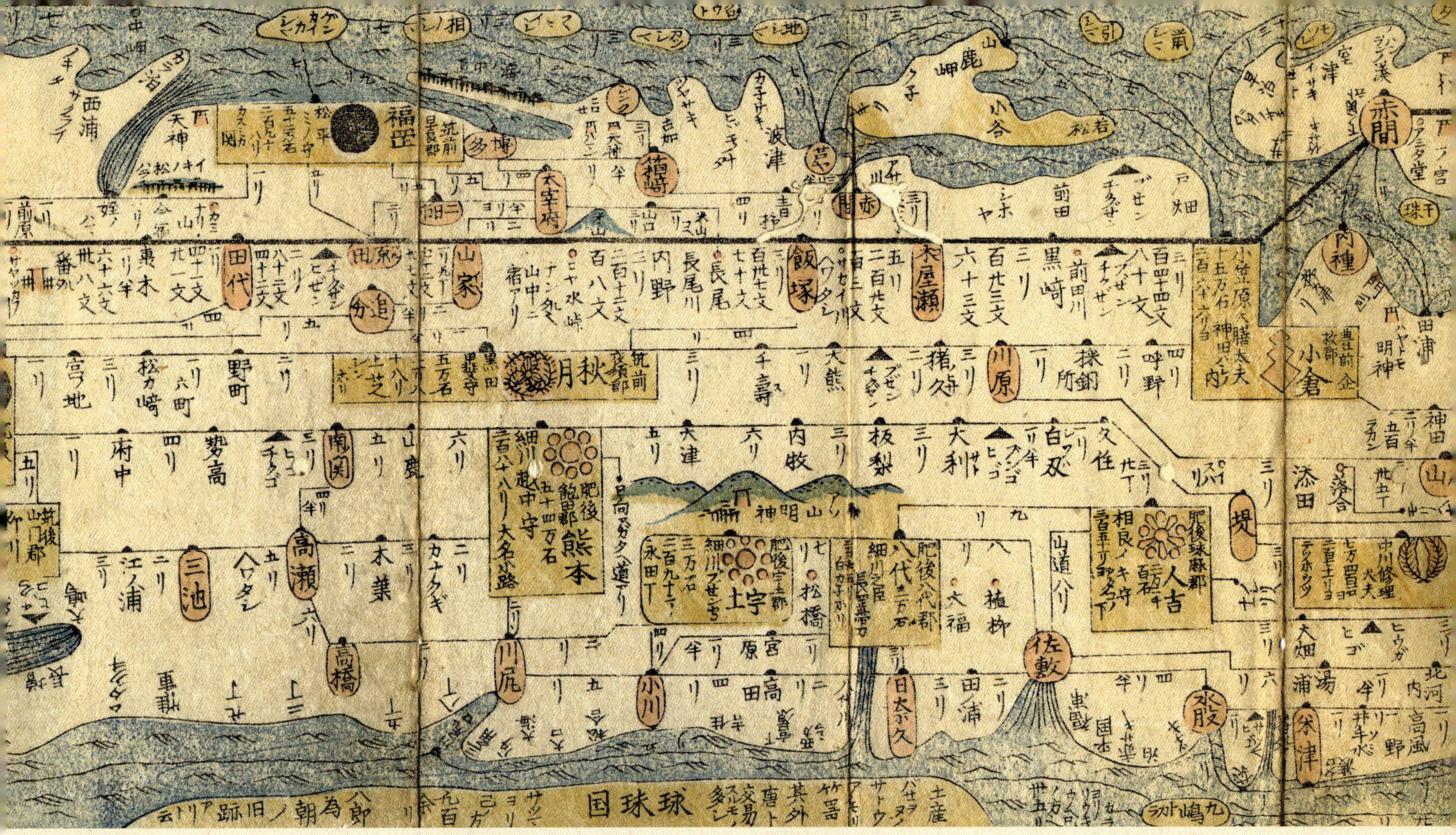

◆**大日本道中行程細見記**　上記絵図は、筑前・肥前・筑後・肥後の部分図。天保八年（1837）発刊。作者：酔雅子。［図書出版のぶ工房 蔵］

◆**浜の宿場町通り**　鹿島市浜町の八宿から中町に至る通りは酒蔵の白壁土蔵が続いている。［写真上／撮影：2001.6.21］

◆**小倉屋**　飯塚市内野の町並みの街道に面した中程に建つ。［写真上／撮影：2000.9.18］

Preface 0

長崎街道シリーズ
大里・小倉と筑前六宿

異文化の情報路
長崎街道

文責◆ **稲富裕和**　［郷土史研究家］
Inatomi Hirokazu

◆**鈴田峠**　大村と諫早の藩境で、伊能忠敬は測量日記の中で日野峠と記している。この道は文化庁が指定した全国「歴史の道百選」の一つ。［写真左／撮影：2001.12.18］

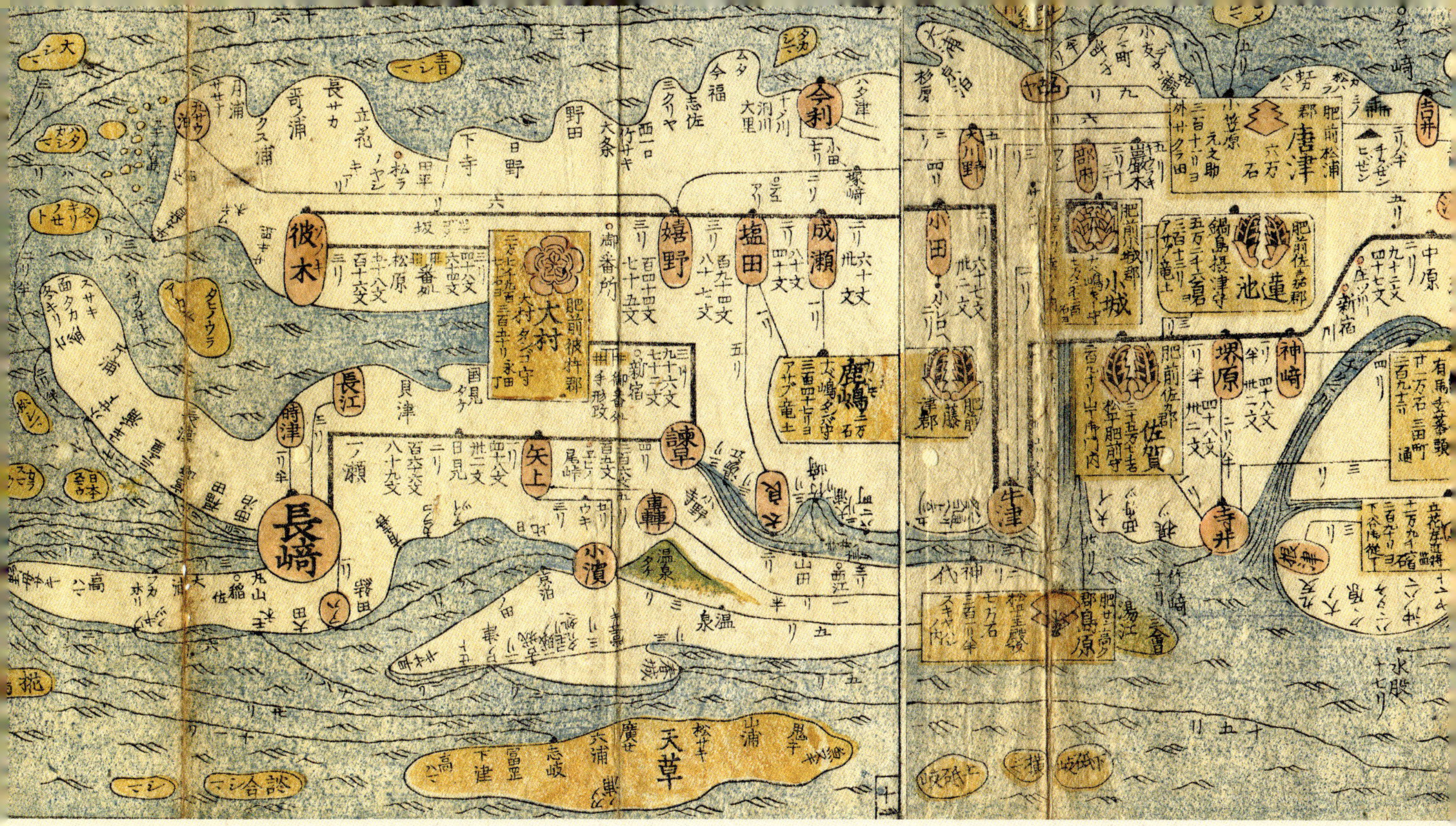

「海道」と「街道」

肥前大村藩領を描いた江戸時代後期頃の古地図ではなかっただろうか。街道が記され、それには「小倉海道」と書いてあった。もちろん、これは「長崎街道」のことなのだが、大村から小倉方面へ向かう道を、当時の人は「小倉海道」と言っていたことが分かる。

大村藩が編纂した藩内総合調査書『郷村記』*にも、似たようなことが書かれている。大村宿の外れに「諫早丁」という「町」の一角があって、そこから隣の諫早領「永昌宿」へ向かう道のことを「諫早海道」と記している。

「長崎街道」という言い方が、常に使われていた訳ではない。だが、「長崎街道」と言うと、いかにも華やいで聞こえるのは、鎖国下にあって、長崎が西洋と東洋の異文化を吸収できる唯一の土地であったからに違いない。

ところで、「ながさきかいどう」か「ながさきがいどう」か。実は、「がいどう」と発音する人が多いのが現実だが、辞書では「かいどう」となっていて、「がいどう」では載っていない。以前は、どちらでも良いではないかと思っていたのだが、「海道」と書かれていることを知って、閃くことがあった。「海」と聞くと、長崎生まれの私は、どういう訳か血が騒ぐのだ。長崎人の文化の遺伝子が組み込まれているらしい。

古地図や古文書には、「街道」ではなく「海道」と記されることが多い。そう言えば、なぜ「東海道」と言うのだろう。道は古代からあったが、全国規模で国内の「道」が動脈として整備されるのは江戸時代になってから。「長崎街道」もその一つだ。

そして、もう一つの道、「海の道」がある。物資の大量輸送には水上交通が絶対に有利だ。むしろこれが、鉄道が普及するまでの物流の大動脈と言って良い。

さて、長崎街道が整備されたのは、徳川幕府による「鎖国政策」がその背景にある。大村領長崎が南蛮貿易港として開港されたのは、戦国時代末期の元亀元年（一五七〇）のことで、日本最初のキリシタン大名として知られる大村純忠によってである。南蛮貿易はキリシタン布教と合わせて行われ、宣教師の記録では、大村領内の家臣・領民のすべて、約六万人がキリシタンになったといわれている。この時代には、大村領内の寺院や神社の全てがキリシタンによって打ち壊され、あるいは教会や宣教師の住居にあてられた。実際、この時代の仏教式の墓（五輪塔・宝篋印塔《ほうきょういんとう》）は大村ではまだ見つかっていない。また、天正八年（一五八〇）年には、長崎がカトリックの一派イエズス会に譲渡された。この背景については諸説があるが、ここでは触れない。

そのキリシタンによる仏教徒への弾圧と長崎の譲渡が、九州を平定した秀吉の逆鱗に触れ、あの「バテレン追放令」が発せられた。長崎は秀吉に収公され、徳川幕府へ引き継がれる。その長崎から、異国の情報を逸速く江戸へ届けるために整備されたのが「長崎街道」である。

「西洋」と「東洋」の窓口

長崎は、鎖国政策によって日本で唯一の西洋への窓口となり、そのことで特殊な発展を遂げることになるのだが、近年の長崎文化の取り上げ方は合点がいかない。長崎はオランダとの通商による西洋への窓口であるほかに、唐船と総称される、中国各地、タイ、インドネシア等の船も来航し、東洋への窓口でもあったのだが、そのことは、これまで余り触れられてこなかった。貿易船の数も貿易量も、オランダ船より遥かに多かったのだが、どうもこちらの方には関心が払われてこなかった。

確かに、日本の近代化において、江戸後期から幕末にかけて、西洋文化の影響は絶大なものがあった。さらに明治になって、「脱亜入欧」という形で西洋志向は増幅される。さらに戦後の日本にとって、アジアはある時期まで近くて遠い国であり、長崎は西洋を追体験できる場所であったことが、長崎＝西洋文化の図式を作り上げ、長崎の文化に偏った光を当ててきた。このことが、一種の「閉塞感」を長崎文化に与えてきたような気がしてならない。例えば「長崎街道」。長崎からすべてが始まり、長崎ですべてが終わってしまうかのような。

歴史が面白いのは、それが昔語りで終わるのではなく、現代に繋がっていることにある。私が住んでいる大村市は、人口約八万五千人の地方小都市とは言え、大村湾一円に広がる大村藩の城下町である。歴史的には長崎を開港して南蛮貿易を始め、江戸時代には長崎奉行を助けて長崎周辺の異国船警備を行い、幕末には藩主が長崎奉行を勤め、そして勤皇藩として倒幕へと向かう。国際化という近代化を二度経験し、戦後は世界初の海上空港として知られる長崎空港が所在する都市である。現在は上海、ソウルへ定期航空路を持ち、長崎のアジアに開かれた空の玄関口となっている。「この場所で、この位置から、こう切れば、長崎文化は、こう見える」。そんな思いを、大村という土地は掻き立ててくれる。

そうした訳で、近年作り上げられてきた長崎文化のイメージを打ち壊してみたい、と思って企画したのが、シンポジウム「異文化の情報路・長崎街道」[*2]—この道はアジアとヨーロッパの海に繋がっていた—である。参加講師は、ドナルド・キーン、永井路子、網野善彦、丸山雍成、ヨーゼフ・クライナー、久田松和則、そして司会は市川森一の各氏。九州北部三県にまたがる長崎街道を切り口に、この地域がどのような生き方をしてきたのか、地域の歴史やありようを見せ、現在の地域と社会に問題提起してみたいというのが開催の動機だった。

シンポジウムでは、長崎を「起点」ではなく「中継点」としてとらえ、道も陸路に限定せず、海路も含め、「情報の道」としての長崎街道を語っていただくことにした。企画書を提示したとき、市川氏は明らかに困った表情をされた。「これは小倉では終わらない。大坂、江戸まで続く話ですね。文化論になってしまう。テーマが大きくなりすぎる」。

長崎街道は「文化の回転ドア」

平成十年十二月五日、シンポジウム会場の大村市体育文化センターは、県内外から参加した一三〇〇人の聴衆で埋められた。有料のシンポジウムで良くこれだけの人が集まったものだと感心するほかはない。

この中で関心を集めたのがヨーゼフ・クライナー氏（ボン大学・日本文化研究所長）の発言で、日本の着物が西洋のガウンの原形になったことや、日本文化が西洋の文化、思想に大きな影響を与えたこと、日本ブームがたびたび起こったことなどが語られ、長崎街道は日本とヨーロッパを結ぶ「回転ドア」の役割を果たした、と。永井路子氏は、郷里「古河（茨城県）」と長崎が、異国文化の受容と言う点で強く結ばれていたことなどを熱く語られた。また、網野善彦氏は、日本を農業国と位置付けるのは間違いで、海の生業で暮らしを立てている海民が多く存在し、「海の道」も忘れてはならないことを指摘された。久田松和則氏は、地元の記録を元に、日本国内に漂着した朝鮮人が、頻繁に長崎街道を歩いて長崎に向かったこと。丸山雍成氏は、長崎街道は日本の近代化を押し進めた道として位置付けられた。勢い、議論は「鎖国論」にまでおよび、最後にドナルド・キーン氏は、これまで鎖国のとらえ方を甘く考えていたのではないかと締めくくられた。

もう二五年も昔のことになるが、福岡県鞍手郡鞍手に住んでいたことがある。すでに廃線になった室木線に遠賀川駅から乗り換えて、終点の室木駅、そこに九州縦貫道の文化財調査事務所があって、住んでいたと言うか、まあ飯場暮らしと言ったほうが良いのだが、ときどき福岡や小倉へ行くことがあって、よく「冷水峠」の名が出た。「あそこは難所だ」と。

その鞍手で驚いたことがあった。ハングル語の講座を公民館でやっていて、現場にきていたオバチャン達が結構通っていたのだ。考古学仲間にも随分とやっている人達がいて、残念ながらそのときは全く関心がないまま長崎に帰ってきた。それからまもなくのことだった。韓国との相互交流が福岡を中心に急速な勢いで広がったのは。

九州北部三県は、古代から大陸交渉の最前線で活躍してきた地域の歴史を持っている。「海」と聞くと血が騒ぎ出すのは、多分、私だけではないだろう。この地域が長年培ってきた文化の遺伝子には、きっと「海」と「異文化」が組み込まれているに違いない。

ヨーロッパの最西端、ポルトガルのシントラ市にあるロカ岬に、ポルトガルの英雄詩人カモンイスの有名な詩の一節が彫り込まれた記念碑が建っている。

「ここに陸果て海始まる」。

千里の波濤を乗り越え、東洋まで旅した大航海時代のポルトガル人の壮大な思いが伝わってくる。

鎖国下にあっても、長崎は異国と繋がっていた。海は終りではなく始まりである。長崎を中継点に据えたことで、長崎街道が異国へ繋がる道であったことが見えてきた。そして、これもまた当然のことだと思うのだが、決して、街道は小倉が始点でも終点でもなく、この道は江戸へ続く異文化の情報路であった。その意味では、長崎街道は東海道にも決して引けを取らない、近世日本を代表する道であると言っても過言ではないだろう。

［いなとみひろかず］

＊1　大村藩が天和元年（一六八一）～文久二年（一八六二）にかけて書き綴った藩内各村々の総合調査書。藤野保編『大村郷村記』一九八二　国書刊行会。

＊2　シンポジウムの内容は、NHK出版から、丸山雍成編著『鎖国下の異文化情報路・長崎街道』と題して出版された（定価一四〇〇円）。是非ご一読を。

◆**長崎出島**　出島の外側をなぞるように電車の軌道が敷設されている。[写真上／撮影：2002.10.5]
◆**長崎港**　立山からの夜景。[写真左／撮影：2003.3.13]

Chapter 1
長崎街道シリーズ
大里・小倉と筑前六宿

長崎街道とその宿駅をめぐる若干の問題点

文責◆ **丸山雍成**［九州大学名誉教授］
Maruyama Yasunari

一、はじめに

近年、長崎街道については、街並保存の域を越えて、これを梃子とした地域活性化の拠点、歴史資源の利活用の面から大いに注目され、福岡・佐賀・長崎三県に共通する政策課題として採り上げられるようになっている。

長崎街道といえば、江戸時代から異国情緒のかおり漂う港湾都市長崎と、当時世界最大の人口を擁した日本の政治的中枢都市江戸とを結ぶ九州内陸部での道筋であるが、これは日本最重要の幹線道路として政治・外交・経済・文化面で特筆すべき地位を占めてきた。このことと関連して、それはまた、日本の近代化を促進し大変革をもたらす原動力となった諸勢力を培養する触媒的役割を果たし、日本の各地域に重大な影響をあたえた。

筆者は、このような長崎街道の意義を知るための前提作業として、それと五街道や他の街道との対比において、どのような共通、特異面があるかを見ながら、若干の検討を加えたいと思う。

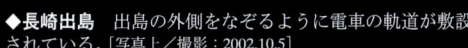

二、五街道・脇街道

五街道は、江戸を中心として本州中央部の各地にむけて放射状に発した、幕府にとって最重要の政治・軍事的な街道であるが、高校日本史の教科書などでは東海道・中山道・日光道中・奥州道中・甲州道中を挙げており、これは周知のことがらでもある。しかし、江戸時代の中期まで、幕府の要職のなかにも、また江戸の交通行政に直接関与する大伝馬町名主の馬込勘解由《まごめかげゆ》（江戸伝馬役さえも、それを悉知していなかった形跡がある。例えば、宝暦八年（一七五八）江戸町奉行依田和泉守政次の番所からの訊問に対して、道中奉行所でしばしば「五ヵ宿」を承わっているが、どの「海道」を五ヵ宿というのか知らない、として「東海道・中山道・日光海道・北陸道を海道のように覚えているが、これも五海道の内なのか、もう一ヵ所がどれをいうのか知らない」（『御伝馬方旧記』）と答えている。勘解由は、五街道のうち三街道しか知らず、まして当時の一般人が五街道をどう理解していたか、はなはだ心許ないところである。

もっとも、彼は道中方御勘定に尋ねたうえで、右の五街道とこれに付属する街道の名前をあげ、「右五口、五海道と申、道中奉行御支配ニ御座候」と報告した。この場合、付属街道は、東海道には美濃路・佐屋路、日光道中には壬生《みぶ》通・水戸佐倉道がつくとされているが、後年には日光例幣使道《れいへいしみち》・日光御成道《おなりみち》・本坂通以下が追加され、五街道と付属街道が道中奉行の支配下におかれたのである。この道中奉行は、万治二年（一六五九）に成立して、大名監察の大目付が役職を兼ねていたが、元禄以降は勘定奉行がこれに加わり、検察・財政の責任者が管掌する重要な役職となった。しかも、それは街道・宿駅はもとより、これを補助すべき広範な農村を各種名目の助郷（定助郷《すけごう》・加助郷・大助郷・増助郷・当分助郷など）に指定して、これらを交通行政の名目で、在地（藩領・旗本領・天領）の領主権力に委ねず、幕府みずから宿駅農村の民衆を直接支配するところに特徴があった。いわば幕府は、本州中央部では在地の領主権力を排除して、中央集権的に強く支配する政治構造を築き上げていたのであった。

正徳の治で有名な新井白石は、この「五海道」の名称について、享保《きょうほう》元年（一七一六）東海道は海端を通るから「海道」でよいが、奥州・日光・甲州の各道中はそうではないので、海道を「街道」に改めさせている。このような事例の原型は古代にもみられ、海辺ぞいの平野地帯では「海道」、山中を通る場合は東山道のように「山道」と呼称するのが通例であった。なお、彼は、中山道の呼称は古来の東山道《トウセンダウ》・山陰道《センオンダウ》・山陽道《センヤウダウ》の呼び方からして妥当でないので、中仙道の「仙」を「山」に改めさせている。もっとも、白石の主張にもかかわらず、各地域では「海道」を「街道」に改めぬまま、江戸時代後期まで持ち越した例が少なくない。

先の馬込勘解由が道中方御勘定に聞いて答弁した、東海道以下の範囲について留意すべき点がある。そこでは、東海道は品川より守口までとして、日本橋から京都三条大橋までとは言っていないし、同じく中山道、日光道中も日本橋から東海道との合流点草津、あるいは終着地の日光までとせず、その手前の守山、あるいは鉢石といった宿駅まで、としている点である。また、奥州道中も日光道中の分岐点宇都宮からでなく、次宿の白沢から白川（白河）までであり、甲州道中も日本橋からとせず、上高井戸（後には今の新宿、当時の内藤新宿）から甲府まで、さらに延長して中山道との合流点下諏訪でなく上諏訪までと、すべて各街道の始終点の前、後宿の名が書かれている点である。これは当時、例えば江戸を旅行者が出発するとき、わざわざ日本橋まで行かずに、直接各街道の始宿に出かけてその旅行を始めたこと、江戸の三伝馬町（大伝馬町・小伝馬町・南伝馬町）も、その人馬継立は江戸府内かぎりで、それより先は各街道宿駅に委ねたこと、それが各街道の範囲を始、終宿間と、交通業務担当者に認識させたのであろう。

もう一つ、忘れてならぬことは、東海道を品川から守口までとしている点である。一般にいう東海道五十三次ならば、品川宿から大津宿までで、それから京都三条大橋へとむかうのであるが、ここでは京都に行かず、大津から大坂城入口の一つ京橋まで延長した、伏見・淀・牧方（枚方）・守口の四宿（京街道）をも東海道と見なしているのである。これでは東海道は一般常識の、また文芸作品などでいう東海道五十三次よりも四次（四宿）多いことになるが、これが幕府道中奉行が認定する東海道のルート（江戸〜大坂間）であった。もっとも、江戸時代を通じて数多い道中奉行のなかには、東海道五十三次（江戸〜京都間）と誤認した者もいたようで、これは当人の勉強不足というべきであるが、この東海道五十七次が近代以降の国道第一号線の原型となった。

筆者は、東海道五十三次のイメージを定着させたのは、関ヶ原の戦の翌慶長六年（一六〇一）正月、徳川家康が自己の勢力範囲に入った江戸〜京都間に、東海道伝馬制（宿駅制）を設定したことにあると考えている。翌年以降、中仙道以下の伝馬制も布かれたが、そのころは東海道以下、その宿次は大小とりまぜて非常に多かった。しかし、これらの宿次は、その後の本格的な交通路の整備などを経て漸次淘汰され、また一部追加もされて、江戸〜京都間に関するかぎり五十三次に定着していったが、その間、大坂冬・夏の陣による豊臣勢力の潰滅によって、大坂市中が徳川氏の直轄地となり、大坂城がその重要な政治拠点の一つになったのにともない、東海道もここまで延長されたと見なければならない。そして、ここに幕府の交通政策を通じての直接支配の対象がこの地域にまでおよんだといえるだろう。

これと一部分ながら似ているのは、甲州海道が当初は甲府通りと呼んで、江戸から甲斐の府中までだったのが、後年に延長されて中山道との合流点にまでおよんだことである。また、日光海道は元和三年（一六一七）徳川家康の霊柩が駿河久能山より下野日光山に移遷され、さら

◆**関門海峡**　手前が下関で、対岸が北九州市の門司。大里は右上の少し窪んだ一帯で、小倉はさらに右奥に進んだ位置になる。［写真上／撮影：2008.4.19］

◆**大宰府政庁跡**　奈良時代から平安時代にかけて九州全域を治める役所で「遠の朝廷（とおのみかど）」と呼ばれた。菅原道真が遷任したことでよく知られる。

に寛永十一年（一六三四）孫の家光によって華麗な日光東照宮が落成し、将軍や大名、勅使《ちょくし》（日光例幣使）に加えて一時的ながら朝鮮通信使までが参拝するほど大々的となったため、かつての江戸から陸奥《むつ》・蝦夷《えぞ》地にむかうメイン・ルートの奥州道は日光道中に包摂され、分岐点宇都宮からの次宿白川までの十次が奥州道中となってしまった。松尾芭蕉の『奥の細道』では、江戸を発し、日光道中千住宿から本格的な旅の始まりとなるが、日光東照宮を経て奥州道中、そして白川より先は脇街道の奥州街道に入り、いよいよ奥の細道へと踏み込むことになる。なお、芭蕉の後半のコースとは違って、奥州街道は白川以北は三厩まで八十七次、千住より数えると百十四次となり、それから先は津軽海峡を渡って蝦夷地松前となる。

　このほか、主要脇街道としては、伊勢路・佐屋路（会津通り・三国街道・北国街道）・羽州街道・北国路・伊賀越道中などがあるが、幕府にとって最も重要なものに中国路・長崎路などがある。このうち、特に中国路については、かつて古代律令制下に都と筑紫大宰府とを結んだ最重要幹線としての旧山陽道の近世的ミニ版といえるが、しかし、その重要性は脇街道とはいえ決して無視できるものではなかった。それどころか、いわゆる「鎖国」日本の政治中心地江戸と幕府管掌の対外交渉・貿易都市長崎とを長崎路を介して連結する重要な基幹街道でもあったのである。

　これらの街道の特徴は、それが脇街道・脇往還といわれて、東海道など交通量の多い五街道と比べるとき宿駅の集落的密集度がやや劣り、なかには本宿と本宿との中間にある間の村（間の宿）的存在ものが少なくなかったにしても、その地域的交通体系の中核をなす幹線であり、政治支配・経済活動・文化伝播の大動脈でもあった。そこで幕府は、これらの脇街道を勘定奉行の管理下において、直接の運営を在地権力に委ねながらも、その道筋の部分変更や交通運賃の引き上げなどには厳格な審査をもって臨む方針を堅持した。具体的には、交通運賃は五街道のうち東海道が最も高く、他の四街道がこれに次ぎ、脇街道では同一街道の宿駅でも天領、譜代藩領、外様藩領とのあいだには格差が設けられていた。

　外様藩領での運賃が最低廉であることは、自領の大名が参勤交代で他領を通行するときはともかく、他領の大名が数多く通行する場合、例えば筑前六宿《ちくぜんむしゅく》街道のように、領内の宿駅や周辺地域の助郷村民が人馬継立によって受けとる運賃収入は低額に押さえられ、その犠牲分を補填する宿駅財政、ひいては藩財政を圧迫することになる。このため脇街道の諸藩は、適正な運賃公認を求めて、幕府の勘定奉行に対し長年月にわたって粘りづよい運動をしなければならなかったのである。逆にいえば、幕府は脇街道筋の諸藩の自治権を一定程度認めながらも、運賃査定などでの匙加減によって、諸藩を財政的側面から一定程度コントロールするという、遠隔操作による間接的支配を遂行したのである。

◆**赤間神宮**　旧阿弥陀寺で、安徳天皇を祀る。陵墓は画面左手にある。［写真右／撮影：2008.1.19］

◆**赤間関の追分石**　関門橋の下関側手前500mのところに建っている。銘は「右上方道／左すみよし道」と刻まれている。［写真上／撮影：2008.1.19］

◆**中国路（山陽道）**　海岸線の国道９号線は中国路。大きな橋脚は関門橋。［写真左／撮影：2008.1.19］

先に若干ふれた中国路は、山陽路ともいい、また中国街道・西国街道など、文献資料によって呼び方は、さまざまであるが、幕府の呼称は中国路に統一されている。この場合、中国路の起点を旧山陽道にちなんで京都とするもの、始点および始宿を大坂とするものの、大略二つに分けることができる。前者の場合、大津の次宿伏見より分岐し、山崎・芥川・郡山・瀬川・昆陽《こんよう》の五次を経て、大坂より発した街道と西宮で合流し、長門赤間関へとむかうルートであるが、これは山崎通り、別名を西国へむかうので西国街道とも呼んだ（ここは古代、律令官道が通じていたところでもある）。山崎通りは、東海道のうち京街道筋と一部並行し、江戸時代の後半には脇街道より東海道の付属街道に昇格しているので、これを中国路の一部に措定することは難しい。そこで後者の場合、始点を大坂とすれば始宿は尼ヶ崎でよいが、始宿が大坂であれば始点はどうなるのか、という問題が生じる。また、始宿を尼ヶ崎とするか西宮とするかで、諸書の見解は大きく分かれる。

一方、中国路の終点も、長門下関とする説が多いが、若干ながら大関とするもの、なかには関門海峡を渡った豊前大里を経由して、小倉だとする説もある。それはともかく、中国路の宿次は始点・終点をはじめ諸書に差異が多く、したがって宿次数も四十・四十四・四十七・四十八・五十一・五十八とさまざまであるが、これは同時に宿駅の集落密集度の低位性から、数え方によって差異が出たものと思われる。なお、道中奉行において執務必携として編集された『五駅便覧』は、「中国路」として摂州（摂津）大坂より始めて尼ヶ崎以下、大里まで計五十三宿をあげ、「是より豊後国小倉」と記している。史料的には写本の関係で誤記もみられるが、これが道中奉行役人の中国路の始、終点と宿次に関する一般的認識だったかと思われる。

三、長崎街道

ここでは、脇街道のなかでも重要な地位を占める長崎街道について見てみよう。長崎街道とは、長門赤間関より渡って対岸の豊前大里か小倉から肥前長崎に至る道筋であるが、これは主要な脇街道とはいえ、政治の中心地江戸から位置的には最も遠い地域を通るものであるため、本州中央部の一般的な街道とはかなり異なる興味深い特徴をそなえている。それは例えば、奥州道中の延長である奥州街道（仙台・松前道）が末端には分岐道をみて終点が三厩《みうまや》のみに特定できないのに若干類似して、長崎街道も起点に関する見解が分かれる一方、コースも年代により変化し、また同時期ながら佐賀藩領内では三分岐して、そのいずれもが公認された長崎街道と見なされている点である。

長崎路というのが道中奉行役人の呼称する正式名ではあるが、一般的には肥前街道・豊前街道・小倉路さらに福岡藩領では筑前六宿街道・冷水《ひやみず》道などとも呼んだ。江戸時代の中期においても長崎海道と書いた記録もみられる。多くの地域では、特定目的地を街道名とすることは一般的であり、長崎街道も例外ではないが、しかし幕府公称の長崎路に規定された側面もみられる。

その始点を、長門赤間関（下関）との接続面から求めるならば、近世初期の豊臣秀吉の九州上陸地を起点とする街道とみる以上、小倉であることに間違いはないが、それでは長崎街道のコースはどうなるのか、という問題が生じる。それは、後年に福岡藩領のメイン・ルートといわれる筑前六宿街道の全面開通が慶長十六～七年（内野、山家宿およびその間の冷水峠の開発）以降、少なくとも寛永十一年（一六三四）の長崎出島の築造ないし同十四、五年の天草・島原の乱といった、いわゆる鎖国制の実施頃以前とみられるが、この点は後者の島原城攻撃指揮の幕府関係者や畿内商人の筑前六宿街道通行が確認されることからも推察される。それでは、九州が近世に突入した天正十五年（一五八七）の豊臣政権による島津征討と九州平定、文禄元年（一五九二）の同じく朝鮮侵略

◆**長崎街道冷水峠の石畳み**　少しの雪であれば、石畳みの上には雪は積もらない。左の道に進むと、初代イギリス駐日公使ラザフォード・オールコックがスケッチした文政六年銘（1823）の石橋と首無し地蔵の祠がある。［写真左／撮影：1999.12.21］

による肥前名護屋城入り以降、徳川政権による慶長五年の関ヶ原の戦、同十九年から翌元和元年（一六一五）にいたる豊臣勢力打倒の大坂冬・夏の陣ごろまでの、長崎街道はどうだったのであろうか。この点は、秀吉による島津征討のコースの一つ秋月街道が、後年の筑前六宿街道のコースに先行かつ代替するものと見なくてはならない。

近世初頭の秋月街道は、秀吉の島津征討のコースを描いた『九州御動座記』に、豊前小倉→馬ヶ嶽→巖石→筑前尾熊→秋月を経由、西下して筑後高良山→肥後南関→高瀬津→隈本へと南下するときの状景が簡潔に描かれているが、そこでは「秋月云所非海道、山中節所にて旅人などの通行稀にて、他国へは其名の不聞者也」という、一般通行者の利用困難な道筋だったことが指摘されている。しかし、これは筑後方面への陸路を辿るとき、後年の唐津街道の博多から大宰府経由で筑後方面へのコースをとる以外、秋月街道がメイン・ルートとならざるをえなかったし、事実、近世初期の九州大名が海路を経由せず内陸通行する場合、ここを活用することは少なくなかった。この当時、小倉より秋月街道を秋月から野町・松崎に至ったとき、この松崎の地が筑後久留米を経由する肥後・薩摩街道のルートと、肥前田代にむかい、佐賀から大村または鹿島・諫早を経由して長崎に到着する、いわゆる長崎街道のルートへの分岐点となったようである。その後、筑前では秋月街道より筑前六宿街道へとコース変更をみたが、それをもたらしたのは慶長十一年（一六〇六）徳川家康が長崎貿易において糸割符制《いとわっぷせい》を実施し、「将軍の糸」といわれる生糸入手に直接関与するようになったことにあるといえよう。

さて、肥前佐賀藩領内での長崎街道のルートは、どうなるか。これは一般的には、佐賀より牛津などを経由して小田で三ルートに分岐し、その一つ北方・塚崎・嬉野を経由して、彼杵《そのぎ》より大村藩領の大村を経由し、再び佐賀藩領の栄昌・矢上を通過して天領の日見から長崎に入る、通称彼杵通りがメイン・ルートと見なされているが、佐賀藩では、このほか小田から成瀬・塩田を経由して嬉野または鹿島に達する塩田通り、小田から高・鹿島を経由し、浜・多良・湯江・諫早から矢上へ連なる多良通りをふくめた、三ルートのうち後者すなわち多良通りが、近世初期以来のメイン・ルートであったのである。それでは彼杵通りが後発のメイン・ルートかといえば必ずしもそうではなく、他大名や長崎奉行以下の通行にも多く利用されていたし、佐賀藩特有の立場—長崎警備で毎年通行する上に自領内が便利—もあってのことであろう。なお、享保二年（一七一七）以降は、彼杵通りといっても北方・高橋・武雄経由で彼杵に至るコースも利用される一方、大村藩領の時津から大村湾を渡海して彼杵に至るルート、諫早より有明海を渡り筑後川下流の榎津または寺井津に上陸、長崎街道に合流するコースもあって、大体四、五ルートが同時併存していたといえるだろう。

このような長崎街道のルートの多様性は、その地利的条件もあるが、戦国時代の大名・国人たちの戦争時の進軍路、平和時の流通路などの領国的交通体系が新たに近世の幕藩制的交通体系に改編された結果であって、どれが最も早いとか優先ルートときめつけることはできないのである。

最後に、長崎街道の終点はどこか。それについては従来、日見峠だとか、長崎市電の終点の蛍茶屋とか、諸説があるが、街道の起点は一般的には城下町などでは町辻や橋詰に立てられた高札場《こうさつば》の存在する場所、所謂札の辻のうち、最も重要性のあるところが指定されているので、これを目途に探せばよいことになる。例えば、江戸では江戸城大手門前というよりはむしろ、多少距離をおいた下町の日本橋の橋詰、高札場のある場所が起点とされている。熊本藩領でも、熊本から発する豊前・豊後・薩摩・日向の四街道は、すべて城下新町一丁目御門前の札の辻を起点とし、領内の一里塚は「熊本札ノ辻ヨリ壱里」と銘を入れ、二里以上は順次、「熊本ヨリ弐里」「熊本ヨリ三里」といった具合に銘記して立てられた。これは領国かぎりでの交通体系にもとづく里程標《りていひょう》といえるが、長崎街道の場合は、各藩領を超越した全国的交通体系によるものであることに留意すべきであろう。例えば、長崎街道が全国統一の基準にもとづく一里＝三十六町（一町＝六十間、一間＝六尺、一尺＝三十センチ余）であるのに対し、熊本藩領や豊前中津藩領などの街道のなかには依然として中世以来の領国制的基準一里＝五十町を維持するものも見られたのである。

以上を前提として、長崎街道の終点についての結論を出すと、それは近世初期、長崎が豊臣秀吉の直轄領となり、さらに徳川氏に引きつがれて以降は、後年の長崎奉行西役所に向かって右側、長崎湾べりの大波戸に立つ高札場以外には、まず見当たらないようである。

『長崎実録大成』の「御高札並嘱託領之事」の項には、慶長頃に大波戸地内に高札場が建設されたが、延宝八年（一六八〇）八月、長崎奉行所西役所から程近い豊後町に高札場が移され、くだって明和二年（一七六五）八月、高札場が同東役所（立山役所）下の八百屋町にさらに移築された、と記されている。長崎においても江戸日本橋と同様、政治権力の執務役所より若干離れた下町に高札がおかれ、その札の辻が街道の起、終点の役割を担ったことがわかるが、さらに同書の「陸路道法之分」「海上道法之分」を併せ参照、検討するとき、近世前期の大半が大波戸、その後は豊後町の札の辻がこれに該当すると見て差支えなかろう。この場合、出島のオランダ商館入口、また唐人屋敷にも高札場があるが、いずれも公儀の「長崎路」の起、終点に措定することはできない。

さて、長崎街道は、佐賀藩領内では公式の三ルートを見る特異な街道であったが、福岡藩領内でもその支藩直方藩が、元文元年（一七三六）その館町直方のなかに筑前六宿街道を引き込むこともあった。こうした街道筋の部分的変更は、幕府勘定奉行の認可があれば実現できたのである。九州第一の枢要な長崎街道が、城下町・館町などの都市的発展に寄与した一例といえるだろう。

長崎路のうち筑前六宿街道は、九州のなかでも幕府役人や諸大名・一般民衆をふくめて最も通行量の大きいところでもある関係上、宿駅の人馬継立・休泊施設は比較的整っていたし、その集落景観も間の村（間《あい》の宿《しゅく》）的域を脱していた。人馬継立て業務を担当するのが、五街道の問屋場にあたる人馬継所であって、常備人馬は中国路宿駅とほぼ同じ数の二十五人・二十五疋と推定されるのであるが、その数値は必ずしも明確ではない。江戸時代後期、山家宿で馬二十五疋の常備がはかられているが、常備人足数は不明、おそらく宿内人足か郡夫などで充当したのであろう。今後の実証的研究が必要である。

大通行の際、宿駅の人馬で不足するときは、周辺村落の助力が必要である。このため、福岡藩では各駅にそれぞれ一郡を「定助郷」として指定、さらに不足のときは他の一郡ずつを各宿に「加助郷」として設置した。このように、特別大通行のときは、福岡藩領の筑前六宿では、各宿ごとに二郡にわたる広範な農村から助郷役を徴発したのであった。

この点、佐賀藩領の宿駅では、多良通りの多良・湯江・矢上三宿の人馬は六人・二疋、諫早は馬二疋、栄昌では人足八人を常備するにすぎなかった。この規定人馬数で不足する場合は、郷村より人馬を徴収して、郷役として継ぎ立てた。この場合、福岡藩領の宿駅よりも規定人馬数がはるかに少ないが、これは「宿継」よりも「郡継」の比重が大であったことを示唆するものである。

一方、休泊施設についても、交通量に規定されてか、筑前六宿などを除いて旅籠・茶屋数も少ないし、参勤交代の諸大名が休泊する本陣・脇本陣なるものは原則として存在せず、御茶屋・町茶屋がこれを代替した点に特色がある。ここでいう本陣とは、厳密な意味では、幕藩領主によって本陣役（本陣職）に任命された民営の大名宿をさしており、単なる大名宿ではない。九州諸藩の場合、民営の本陣はきわめて稀で、藩営の御茶屋が本陣役を代替するのが大部分であった。戦国時代から江戸時代前期にかけて、例えば織田信長・豊臣秀吉・そして徳川家康から家光の代にかけて、御殿・御茶屋なる名称の休泊所が支配地域の各街道に設けられたが、その伝統は、徳川氏の御三家、大名では越後上杉氏、土佐山内氏などにの

領内御殿名称の宿泊所が存在する。また東北の南部氏や九州薩摩の島津氏の領内では御仮屋、北陸の前田氏は御旅屋といった具合に、それぞれ名称は異なるが、いずれも藩営の休泊所である。これらは、五街道では寛永以降、漸次民営の本陣にとって代わられ、江戸時代の後期には中国路の広島藩領以西では御茶屋・本陣相半ばし、九州では大部分が幕末期まで御茶屋のまま持続する。

筆者は、こうしたことから、御殿・御茶屋等の残存形態を藩体制の性格によるものか、交通量の多寡に規定されるのかについて問題提起したことがあったが、歴史地理学者から、異なる類型の併存と主張されたりして、若干論争におよんだ経験がある。町茶屋については、経営主体からも脇本陣相当と見なしてよいが、これは長崎街道では出島のオランダ商館長が宿泊する宿屋であるため、オランダ屋・長崎屋と呼称する例が多いようである。旅《はた》籠《ご》屋については、筑前六宿では旅飯屋と書いた史料にしばしば出あい、旅籠または旅籠屋と記した例は少ないようだが、旅籠とは旅飯の意味であるから、一向に差支えないと思う。近世初期の日記に「ハタゴヲタベル」という記事は、そのことを示している。

四、結びにかえて

ここでは近世交通上の基礎的な五街道・脇街道の特質、各街道の起点・終点とコースの変遷、宿駅に関する若干の考えを述べてみた。これが長崎街道の歴史的意義を知るための前提作業の一つとなるならば幸いである。なお、長崎街道については、拙著『日本近世交通史の研究』（吉川弘文館）ならびに拙編『長崎街道―鎖国下の異文化情報路―』（NHK出版）に若干ふれているので、ご参照ご批判いただきたいと思う。

［まるやまやすなり］

◆**渡海口の大里宿**　街道は、大里本町１丁目から３km、松原３丁目で線路で道が途切れる辺りまで、国道199号線と線路に挟まれた状態でほぼ一直線に続く。背景の山は戸上山、右側に見える寺院は西生寺。元は細川藩の浜御殿が建っていたが、御茶屋との場所交換で祇園社の前からここに移った。
［写真上／撮影：2000.4.6］

◆**一里塚跡**［写真上／撮影：2000.5.20］

◆**街道の風景**　小倉方面を望む。工場の真ん中を街道が通る。左側に見えるのは街道松。［15頁の写真／撮影：2000.1.2］

Chapter 2

長崎街道シリーズ
大里・小倉と筑前六宿

大里宿

文責◆**田郷利雄**［郷土史家］
Tagou Toshio

大里《だいり》宿の設置についての時期と事由

小倉藩領の行政区格は「城下町」と六つの「手永《てなが》」で構成されており、大里宿は富野《とみの》手永《てなが》大里《だいり》町であった。

「手永」は、福岡藩の「触《ふれ》」に当たり、約二〇箇村を一手永とするもので、江戸時代の各藩が一般的に用いていた郷村制の「郷」に相当する。

小倉藩は、また、手永の住人の主要産業を基準にして、武士・町人の混住地域を「町」、農民居住地域を「村」、漁民居住地域を「浦」とする手永町村浦制を行っていたので、大里宿は「大里町」が通称であったように思われる。

さて、大里宿の設置についての時期と事由についてであるが、文書資料的には不明であるので私見を述べる。

徳川三代将軍・家光の大名配置政策によって、外様大名の細川忠利の肥後熊本藩への加増転封と入れかわりに譜代大名の小笠原忠真（家康の曾孫）が小倉藩主として加増転封してきた。寛永九年（一六三二）のことである。

大里宿の誕生は、この寛永九年以降の、極めて直近の時期であると考えてよいであろう。

なぜなら、家光による参勤交代制度の法度、即ち、法令化の幕令がその三年後の寛永十二年（一六三五）に出されているからである。

その法度は、二代将軍・秀忠が元和元年（一六一五）に諸大小名に発令した「武家諸法度」の二十二箇条に一箇条を加えて改定したものである。一部を省略し、その一箇条の条文を次に示す。

一、大名小名、在江戸交替を
　　相定むる所なり、毎歳夏四月に
　参勤致すべし……（後略）　（徳川禁令考）

ちなみに、島津氏（薩摩鹿児島藩主）・黒田氏（筑前福岡藩主）・鍋島氏（肥前佐賀藩主）などの外様大名への実施は、その年の六月（今の七月）からで、譜代大名（九州では小笠原氏一家だけ）の場合は、七年後の寛永十九年（一六四二）五月（今の六月）からであった。

この新「武家諸法度《ぶけしょはっと》」が諸大名、諸小名に発令された寛永十二年（一六三五）は、小倉藩では小笠原忠真《おがさわらただざね》が藩主の時代であった。先に「この寛永九年以降の、極めて直近の時期」と私見を述べたのは、寛永十二年が忠真の藩主時代であったからである。これを裏付ける文書と記録は後述する。

大里宿の宿場名私考

大里宿の「大里」は、小笠原氏の藩政時代の門司半島（企救《きく》半島とも）の中で六箇村から成っていた一地域の総称地名である。と同時に、六箇村の中の一村・大里村の中の一角の地名でもある。

従って、大里宿は、大里村の中の一角の大里町だったのである。

さて、地域名の「大里」であるが、古くは「柳」であり、大里村を中心とした海岸一帯の地名が「柳浦」もしくは「柳ヶ浦」であった。

それらの初見は、平安時代の末期の源平争乱を記した三つの軍記物、『平家物語』『源平盛衰記』『前太平記』に於いてである。

『源平盛衰記』に初見する「柳」が元もとの地名で、浦付きの地はその一部地域名である。

その「柳」がダイリと発音される二文字の漢字の地名に変身していくのであるが、いきなり「大里」と変身したわけではないのである。

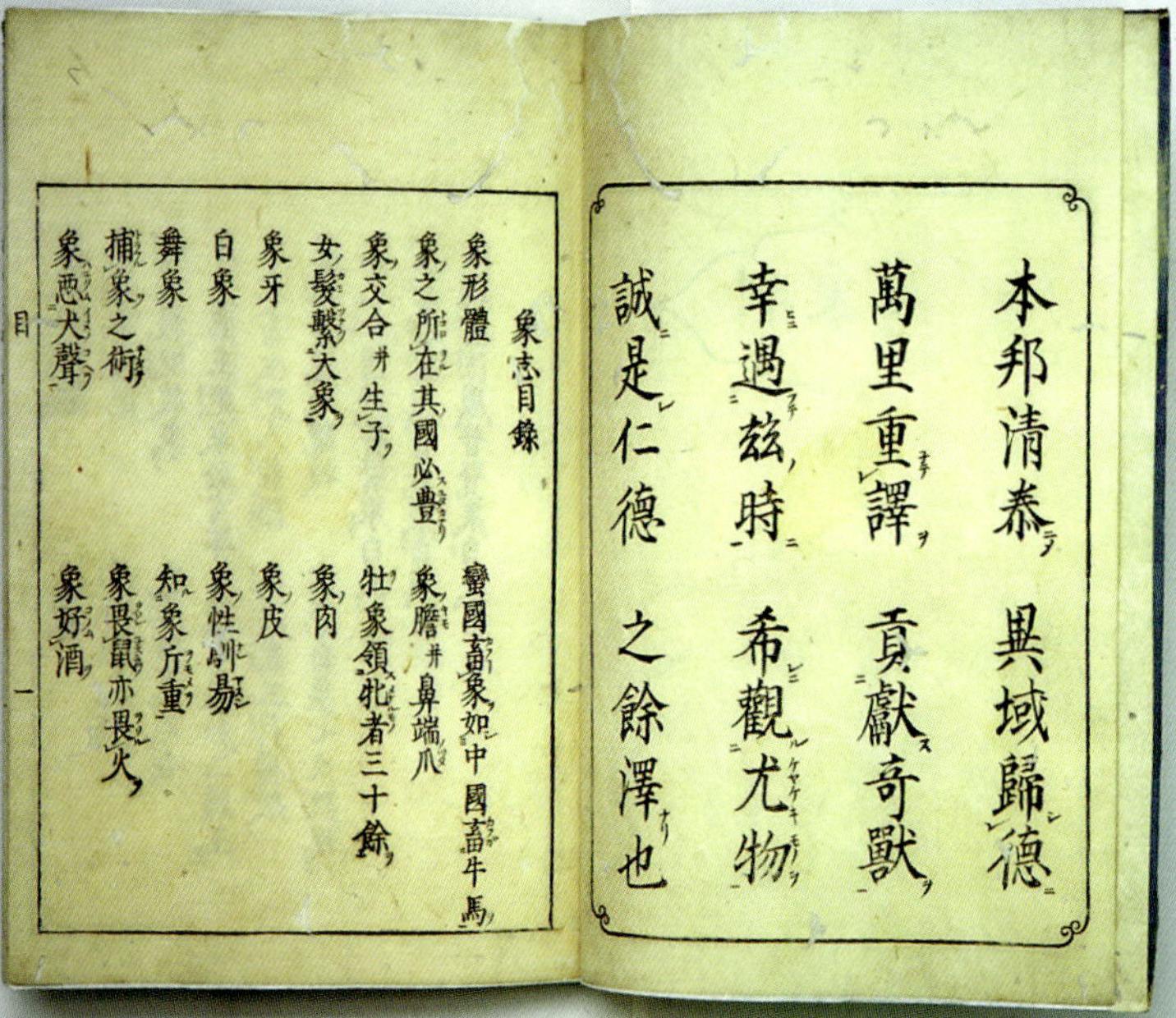
本邦清泰異域歸徳
萬里重譯貢獻奇獸
幸過茲時希觀尤物
誠是仁徳之餘澤也

象志目錄
象形體　蠻國畜象如中國畜牛馬
象之所在其國必豊　象膽并鼻端爪
象交合并生子　牡象領牝者三十餘
女髮繫大象　象肉
象牙　象皮
白象　象性畏暑
舞象　知象斤重
捕象之術　象畏鼠亦畏火
象惡犬聲　象好酒
目　一

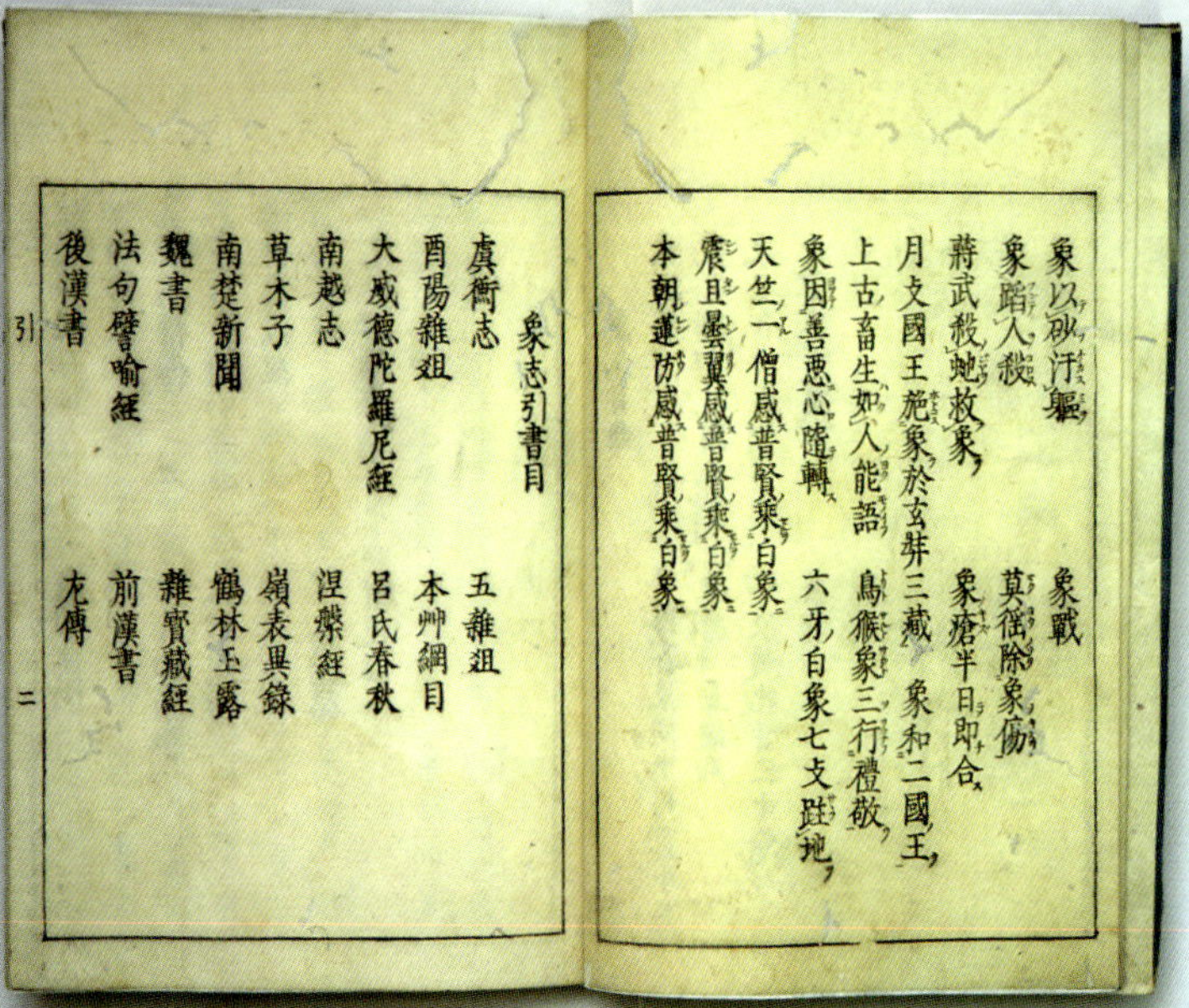
象以砂汗軀　象戰
象蹈人殺　莫徭除象傷
蔣武殺蛇救象　象瘡半日即合
月支國王施象於玄奘三藏　象和二國王
上古畜生如人能語　鳥獼象三行禮敬
象因善惡心隨轉　六牙白象七支跓地
天竺一僧感普賢乘白象
震旦曇翼感普賢乘白象
本朝蓮防感普賢乘白象

象志引書目
虞衡志　五雜俎
酉陽雜俎　本艸綱目
大威德陀羅尼經　呂氏春秋
南越志　涅槃經
草木子　嶺表異錄
南楚新聞　鶴林玉露
魏書　雜寶藏經
法句譬喩經　前漢書
後漢書　龙傳
引　二

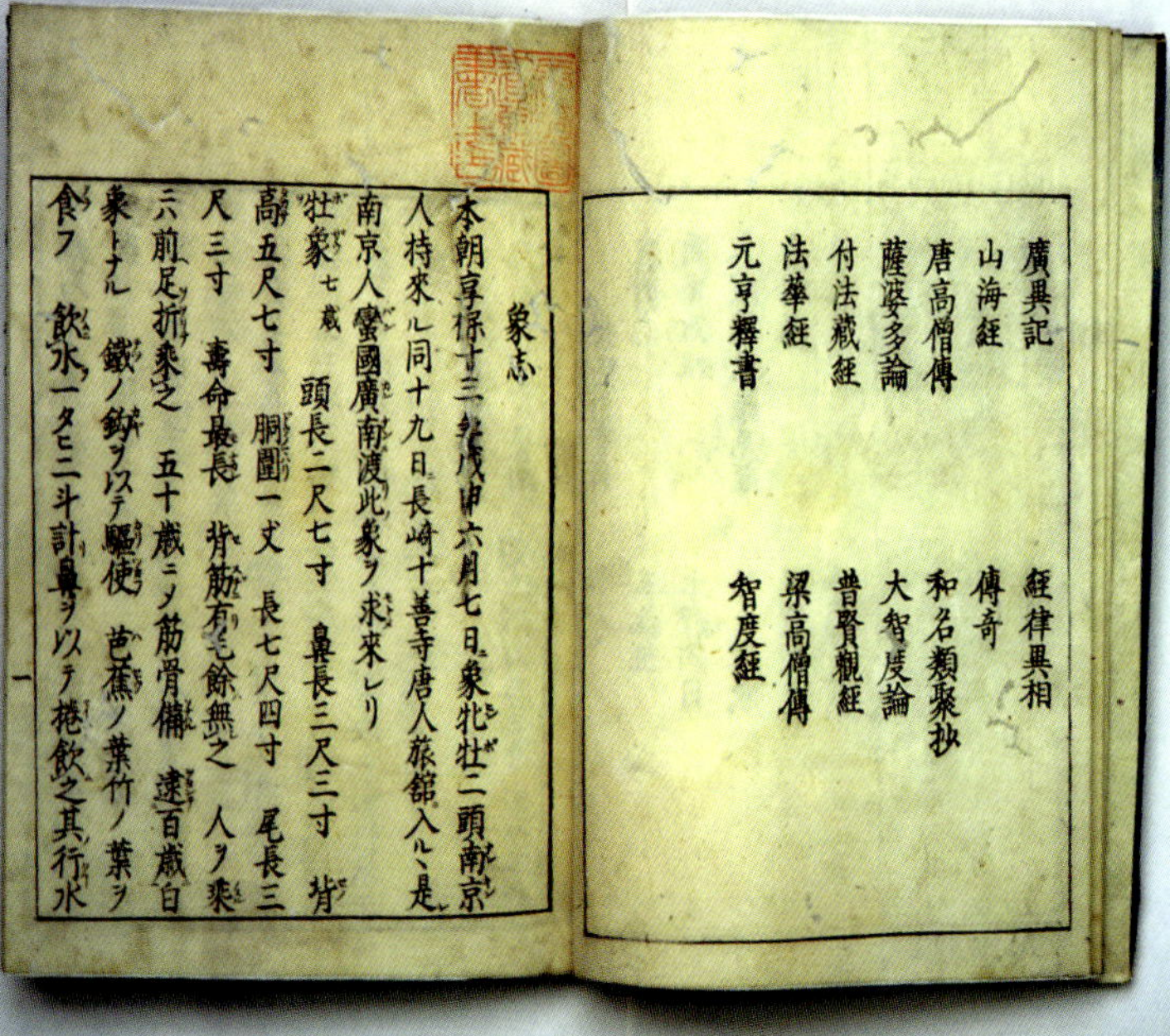
廣異記　經律異相
山海經　傳奇
唐高僧傳　和名類聚抄
薩婆多論　大智度論
付法藏經　普賢觀經
法華經　梁高僧傳
元亨釋書　智度經

象志
本朝享保十三年戊申六月七日象牝牡二頭南京人持來ル同十九日長崎十善寺唐人旅館入ル、是南京人蠻國廣南渡此象ヲ求來レリ
牡象七歳　頭長二尺七寸　鼻長三尺三寸　背高五尺七寸　胴圍一丈　長七尺四寸　尾長三尺三寸　壽命最長　背筋有毛餘無之　人ヲ乘ニ前足折乘之　五十歳ニメ筋骨備　逮百歳白象トナル　鐵ノ鉤ヲ以テ驅使　芭蕉ノ葉竹ノ葉ヲ食フ　飲水一タビニ斗計鼻ヲ以テ捲飲之其行水
一

表紙

大扉

◆『**象志**』徳川吉宗に献上の象について詳しく記載されている。（長崎県立図書館 所蔵）
［写真上／撮影：４月中旬］

少し、記述の軌道を変える。

日本列島の分県地図で、「大里」の地名がいくつあるか調べてみた。すると全国に十六箇所もあるのである。

その読み方を調べると、

「オオサト」読み……八箇所

「オオザト」読み……七箇所

「ダイリ」読み………一箇所

である。大里を「ダイリ」と読むのは、全国で、ここ門司の大里だけである。

なぜなのか……。

それは、寿永二年（一一八三）年秋に、安徳幼帝（第八十一代天皇）を奉じて、平氏一門が芦屋の山鹿（現在の芦屋町の山鹿地区）から柳ヶ浦に逃れ来て、御所（内裏）をこの地に一時的ながら定めた歴史事象に基づいているからである。

以後、柳の地は数百年にわたって「ダイリ」と呼ばれるようになり、「内裏」「内裡」の文字が用いられた。

その「内裏」「内裡」が「大里」と文字が変わったのは、享保五年（一七二〇）年ごろで、二代藩主・小笠原忠雄の〝お声がかり〟による。

従って、享保五年以前の宿は「内裏宿」であったと考えてよいであろう。

吉宗将軍への献上象の渡海

小笠原忠基《ただもと》が封を継いだ寛文四年（一六六四）から六五年後の享保十四年（一七二九）三月二十四日、黒崎宿から小倉城下の宝町（現在の小倉北区京町）に一頭のベトナム象が長崎奉行所の役人やベトナム人の象使い二人ら一四人に守られて到着した。

この象は六歳のオス象で、前年の六月に、清国人の船長・鄭大威《ていたいい》がジャンク（清国船）で交趾国《コーチ》（ベトナム）の広南港（現在のホーチミン市）から長崎港へ運んできたのである。

象は、翌二十五日、宝町に藩主忠基の訪問を受けた。象使いが発するベトナム語に合わせて、象が動作をするのに感心した藩主は、

「馬や牛、犬猫も人語を介するが、象と申す獣の賢さはそれ以上だ」

と言って、城中へ戻っていったということである。

この間、小倉城内では、小倉藩役人と長崎奉行所役人（正副の宰領）の間で、象を渡海させる航路と象の足を固定する船の形式をどういうものにするのかについて、会議に次ぐ会議を重ねていた。

〝鳩首〟会議の結果、航路は赤間ヶ関と最短距離にある大里宿から渡海と決定した。航行距離が短いほど安全度が高まると判断したのである。象と一行を乗せる船は岩石運搬用の石船と決まった。復原力が強く、甲板が分厚い板で張られた船である。だから、船が転覆する恐れが極めて少ない上に、象の足を鎖で縛って固定して四つ足で立たせておくのに好都合であったからである。

象と一行が城下宝町の仮設象小屋を出立したのは、三月二十五日の午後と思われる。

砂津川に架かる門司口橋を渡り、白砂青松が続く企救の海道を過ぎて大里宿に入ると、休息するのもそこそこで、荷積みや象の乗船作業に入ることになる。その間、お供の一行の甲板上の配置についての説明が船頭からなされた。象使い二人には、常に象の身近に付き添って、航行中に象が興奮して暴れないように心を十二分に配ることが通詞（通訳）役の清水永左衛門から告げられた。残る一二人は、船の右舷・左舷にそれぞれ六人ずつが縦に坐ること、船が右舷に大きく傾斜した場合には、船頭の声の合図で一斉に左舷に素早く移動し、左舷に傾斜の場合も同様であることが告げられた。

ときおり小雪が舞う冷たい風は、海面に少なからず白波を立たせていた。途中、案の定、象はその風と波に恐れてか、脚をバタつかせたが、その都度、象使いは象の脚にしがみついたり、両舷の者は船頭の会図の声がかかるたびに右舷へ左舷へと移動したのであった。

幸いなことに、風雪が強まったのは、赤間ヶ関に一行が上陸したのちのことであったが、その後数日、天候が回復せず、象と一行がやっと京都・江戸へ向けて赤間ヶ関から陸路出立したのが三月二十九日となるのである。

長崎街道の起点が大里宿に移転

参勤交代制度が実施されたころ、小笠原氏や日田天領（大分県日田市）の代官を除いて、九州の諸大名が海峡渡海のために利用した宿場と湊（港）は、筑前福岡藩領内の黒崎宿と黒崎湊であった。

これに対して小笠原氏や日田天領の代官は小倉城下で河口を開く紫川口を利用した。

ところが、小笠原忠真が柳の地の一角・柳ヶ浦にあった内裏村の、そのまた一角の地に宿場と船場（湊）を設け、それらの整備が進んでくると、島津氏（薩摩鹿児島藩）・有馬氏（筑後久留米藩）・鍋島氏（肥前佐賀藩）などの大大名や日田天領の代官らは内裏宿を利用するようになっていったのである。

参勤交代の時期は集中するため、海峡の渡海を控え待つ諸大名や供連れの面々を一度に収容するには、小倉城下の各大名の本陣や旅籠では煩雑をきわめる。江戸後期には、半数以上の大名が大里から渡海するようになった。

◆**大里宿場の風景**　宿場の面影を今も伝える民家。［写真上／撮影：2000.7.3］

◆**祇園社の道祖神**［写真／撮影：2005.12.25］

◆**西生寺**［写真／撮影：2000.7.3］

◆**佛願寺**［写真／撮影：1999.11.28］

小倉藩がこのようにしたのも、藩としての事情があったことは〝公然の秘密〟だったと思われる。城下に他藩の武士たちが武器を持って大勢で宿泊することは、治安上、好ましいことではないと考えるのは当然の理というものであろう。

八代将軍・徳川吉宗が全国の諸大名に対して、享保六年（一七二一）に幕令として達示した〝参勤交代人数制令〟ともいうべきものがある。「連中供回り」という幕令である。

この幕令は、藩の石高の多少別にお供の人数を定めて、江戸滞在期間中の混雑の緩和や参勤道中の際の大名間のトラブル防止をねらったもの……表向きはこうだが、表に出ていないねらいは、特に外様大名に対する警戒であったと思うのである。

その幕令を表にすると、次のようになる。

	騎馬	足軽	中間《ちゅうげん》人足	計
一万石以上	三〜四	二〇	三〇	五三〜五四
五万石以上	七	六〇	一〇〇	一六七
一〇万石以上	一〇	八〇	一四〇〜一五〇	二三〇〜二四〇
二〇万石以上	一五〜二〇	一二〇〜一三〇	二五〇〜三〇〇	三八〇〜四四〇

この表を九州の諸大名が遵守したとして、領内に渡海船場（湊）をもっていた小笠原氏と黒田氏、両氏の領内の宿場と湊を利用していた島津氏、有馬氏、鍋島氏の参勤供連れ人数を記すと、次のようになる。

・小笠原氏（表高［幕府認定の石高］一五万石）
二三〇〜二四〇人

◆**長崎街道**　大里から小倉方面を見る。［写真上／撮影：2005.12.25］

◆**街道松**［写真上／撮影：2005.12.25］　◆**関門海峡**　大里から下関（赤間ヶ関）方面を見る。［写真上／撮影：2000.4.6］

◆**久留米藩屋敷跡**　JR小森江駅近くの画面左側の工場一帯に屋敷があった。［写真上／撮影：2000.4.6］

◆**人馬継所跡**［写真／撮影：1999.12.11］

◆**大里宿本陣跡**［写真／撮影：2000.7.3］

・黒田氏ら（表高はすべて二〇万石以上）
　三八五～四四〇人

もっとも、この幕令の順守率は大変に低く、人数が下回ることはなくても、上回るのが常だったようである。特に内裏（大里）宿と黒崎宿は湊も合わせてもっていたので、四月～六月は、商人や運送業者にとっては不便な時期であり、逆に宿場では賑わいの時期であった。

このような事情を見据えた大名がいた。筑後久留米藩主の有馬氏である。小倉藩から内裏（大里）村の一角を借地している。そこには屋敷や蔵を建てて藩士を常駐させ、浜には船を配備して、参勤や藩物資の輸送に便をはかったのである。

延享三年（一七四六）年の「巡見御上使答書」には、次の記録が見える。

有馬公、御領内に船着無御座候故《ふなつきござなくそうろうゆえ》、
小笠原忠真公御代より御借《かり》に被成《なされ》、
寛永二十年（一六四三）、御船屋敷建《たて》被成《なされ》候《そうろう》

（ルビ・傍点は筆者による）

借地は現在の日本製粉門司工場一帯で、昭和時代の古老たちは、その一帯を「久留米屋敷」と通称していた。

この文書記録は、忠真の代に柳ヶ浦の一角に宿場が設置されたことの裏付け資料である。

ここで小笠原氏の参勤交代にふれておく。

譜代大名である小笠原氏には、幕府は、藩の持ち船で兵庫湊（今の神戸市）か、難波湊（今の大阪市）までの航行を許可していた。

外様大名の場合、小倉城下←→（船旅）←→赤間ヶ関（今の下関市）←→（徒歩旅）←→江戸の距離は二六六里（一里は、約三・九キロメートル）であるが、譜代大名となると短縮される。従って、日数も短縮されて、宿代も含め

て出費も減少するのである。

忠真の代の筆頭家老・宮本伊織（武蔵の養子）の日記の慶安二年（一六四九）年の条に、

> ①五月五日、藩主参府乗船、伊織御供《おとも》六月二日②着府《ふにつく》
> ※私注～①→太陽暦で六月　②→江戸に到着

とある。

船旅日数と徒歩日数は不明だが、二十八日間（当時の一箇月は、大の月が二十九日、小の月は二十八日が通常）の往路だったのである。

「浄国寺公年譜」という文書がある。

これには、五代藩主・忠苗の代に長崎奉行所の出張所（長崎番所）が大里宿に設置されたことを示す記録が記されている。

> 寛政十一年、豊前国大里と住吉社との村の間に、公儀より番所を取建《とりたて》て有り、方《ほう》六十間許《けんばかり》にて海岸に石垣を築出し、売船の往来、又、不審の船を引留《ひきとどめ》めて改め有之旨《これありのむね》なり
> （読点・ルビは筆者による）
>
> [大意]
> 寛政十一年（一七九九）、大里村に幕府（長崎奉行所）が番所を作った。海岸を埋め立てて、一辺が六〇間（一間は約一・八メートル）の正方形の敷地を造り、周囲に石垣をめぐらせている。荷船や不審な船舟の取り締まり（改め）を行うためである。
> ※参考　住吉神社跡から、長崎番所跡の海岸線までは、計測すると三〇メートル弱（一五間程）の距離である。

これを裏付ける里謡が大里に残っている。

「大里住吉　稲葉さんの前に
羽倉権九郎の　茶屋が立つ」

「稲葉さん」は住吉神社の宮司さんで、「羽倉権九郎」は長崎奉行所大里番所の初代所長、「茶屋」は所長用屋敷である。

長崎街道の起点が、十八世紀末の一七九九年に、小倉城下から大里宿へと移動したのである。

巡見上使の藩視察

徳川吉宗が諸大小名の動静を探索するために「御庭番」を私設したことはよく知られているが、そのルーツは、家康が慶長八年（一六〇三）に始めた「諸国巡見使」の制度である。

小倉藩に対する巡見の第一回は寛永十年で、以後、寛文九年、元和元年、宝永七年、享保二年、延享三年、宝暦十一年、寛政元年、天保九年の計九回に及んでいる。

一行の人数は、人足を含めると五〇人だったが、人足は「現地調達」つまり、藩が手配したので、四〇人内外であったと思われる。

一行は、初期の頃、大坂を出航して中津（中津藩）に上陸するか、大里宿、または紫川口に上陸するかした。帰坂の場合は、大里宿か紫川口だった。しかし、後には、来藩・帰坂ともに大里宿か紫川口に変わった。

巡見上使の視察内容は、あらかじめ藩に通知されていたので、藩は答弁書を作成し、巡察のときは主として庄屋が答弁と接待の役を任じた。

調査は四二項目にわたっており、「巡見中御尋事項寛文七年」の記録によると、

一、公儀御代々御位牌有之哉之事

（歴代将軍の位牌が置かれているか）で始まり、今日から見て珍しい事項として次のものがある。

一、孝子有之哉之事　※孝子→親孝行者
一、温泉有之哉之事
一、名所何ヶ所有之哉之事
一、名産何々有之哉之事
一、鷹之巣有之哉之事　※鷹之巣→鷹狩り場

巡見上使一行も大里宿を利用したのである。

大里宿に見る人間模様

参勤交代の大名ら一行が宿場に入る場合、事前に「〇〇藩△△様、××にご到着」の前触れ役が宿場役人に告げられる。宿場の内外では、その前日と当日、道・溝・路地の清掃が役場の町衆で行われる。そして、数百人もの一行の来宿を期待して待つのである。

その間、砂津川に架かる門司口橋を渡った行列は、

「企救の高浜　根上松よ　豊前街道で　これ名所」

と、唄われた白砂青松の海道を、

「企救の高浜　根上松よ　馬もお籠も　ゆるりとな
海辺眺めて　ゆるりとな　毛槍そろえて　海道を」

と、町衆期待の入宿へと向かうのである。

町衆期待のものとは、お供衆が宿場で買い物や飲食で使うお金（銭）である。だから、宿場で質素倹約するご家中は不評を買う。

大里宿で不評だったご家中の双璧は、島津氏と鍋島氏であった。大里の俚謡はこう伝える。

「いやなお客は　鍋島薩摩　いつも夜泊まり　七ツ立ち」

両家は大藩であったが、財政は苦しかった。

鍋島氏の台所事情を覗くと、国元（藩内）と参勤での支出が四八％と同率で、参勤費用の一〇％を道中で使うのである。節約は道中費用をおさえることで、そのために宿場での朝夕両食代を浮かすべく、大里宿場では夜おそく着くようにして夕食を摂らず、早朝に渡海して朝食を次の宿場か、その次の宿場で摂るようにしたのである。

逆に、大里宿の町衆は、一般の旅人からは不評を買っ

大里宿周辺の地図。この地図は、国土地理院発行の２万５千分の１地形図（小倉／下関）をつなぎ、89％に縮小して使用したものである。

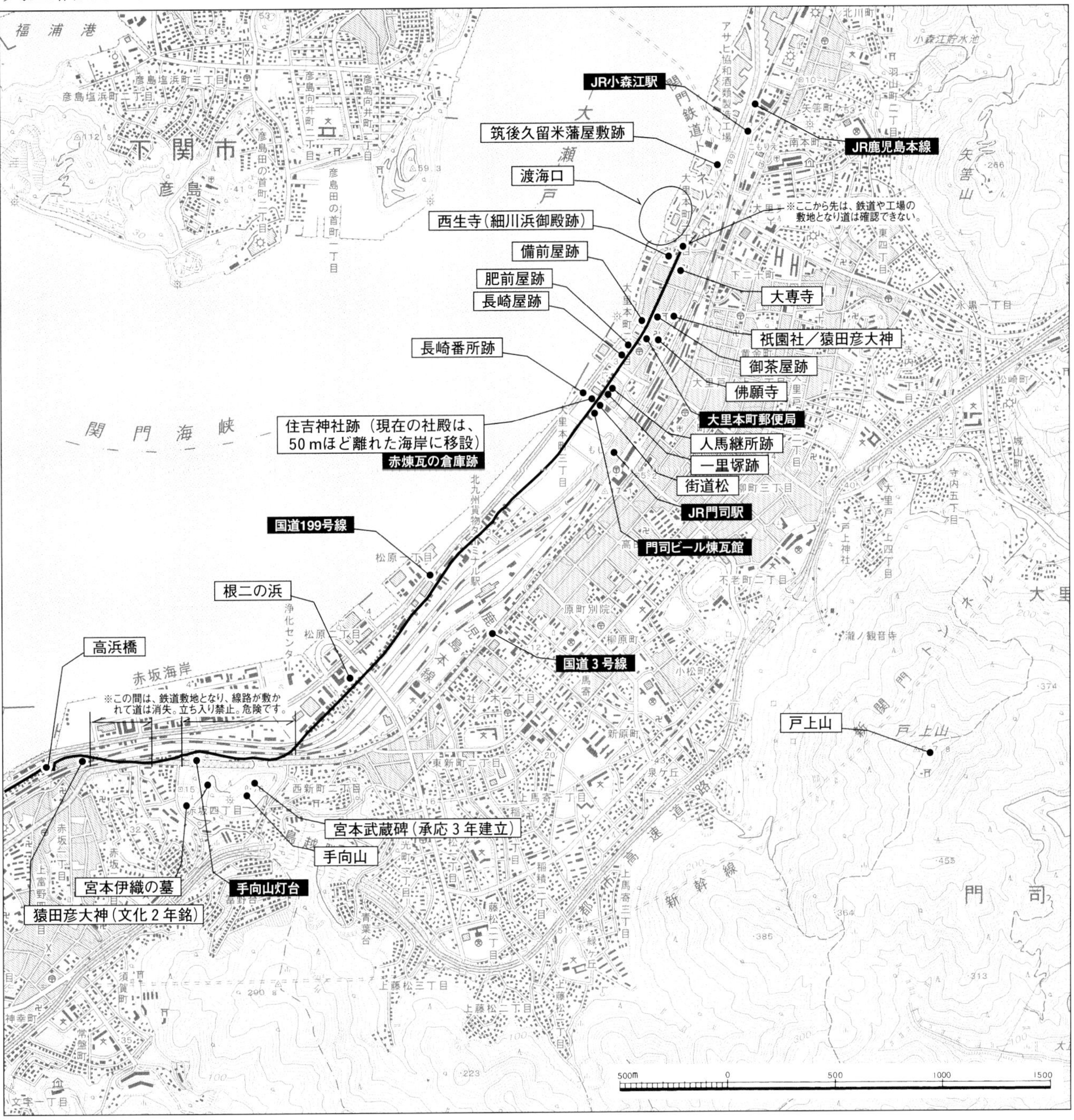

＊32頁の図の右側に続く

ていたようである。

『宇佐参宮道中歌』は、赤間ヶ関から宇佐宮までの宿場や村で、旅人の評判が悪かった土地をこう歌っている。

「……（前略）……人の悪いは門司、田野浦よ、
　大里、長浜、曽根、刈田……（後略）……」

門司・長浜・曽根の三村は、不評の火の粉を払おうと、替歌で応じているが、大里宿の町衆は沈黙を守っている。

長浜村民の替歌を紹介しよう。

「人の悪いは門司、田野浦よ、大里大悪、曽根、刈田」

「大悪」の不評の根拠が何だったのかは伝えられていないが、それらしいのが薬罐蛸の話である。

大里宿の名物料理が、薬罐蛸という土瓶蒸だった。蛸は生のとき、口の小さい土瓶にも頭からでも中に入る。ところが、加熱されると八本の足が円形状に固くなるので、箸で頭からつまみ出そうとしても出ないのである。

旅客が四苦八苦していると、宿の外から

「お客さ～ん、船が出るぞ～い」

と、船頭の声がかかってくる。客は、後ろ髪をひかれる思いで外へと走るのである。

「やれやれ。薬罐蛸は食えなんだが、大里宿の町衆ほど煮ても焼いても食えん人間はいないわい」

と、よくこぼしていたというのである。

旅人たちは大里宿の規模が、筑前福岡藩の木屋瀬宿と黒崎宿（いずれも八幡西区）に比べて小さいことをネタにして、大里宿の町衆をあざけったり、からかったりしている。

旅人たちが、

「大里町さよ　宿場じゃと言やる。茶筅竹ほど　ない町を」

と、茶化すと、町衆は負けん気を発揮して、

「茶筅竹ほど　ない町なれど、諸国諸大名が　宿をとる」

と、言い返しているのである。

［たごうとしお］

◆手向山からの関門海峡の風景　右側の赤煉瓦の建物の見える辺りが大里宿、対岸左側に赤間ヶ関宿。[写真上]
[この頁の写真は全て／撮影：2005.12.25]

◆赤坂の猿田彦大神　文化２年（1805）の年号が刻まれている。秋月街道との追い分けに建っている。[写真上]

鳥越・赤坂・高浜

◆高浜橋　豊国名所の絵図には土橋として描かれている。[写真上]

◆鳥越から赤坂にかけての風景　左側に門司の戸上山、右側の灯台のある山が手向山。その山裾の左側から右側にかけて街道が続いていたが、そのほとんどが鉄道敷地となり線路が敷設され、赤坂５丁目に150ｍほど残している（画面右側の建物の裏の道）が、それ以外の道はほとんどが消失していて歩くことができない。列車が通っているレールの辺りは海で、海岸には松が続いていた。[写真下]

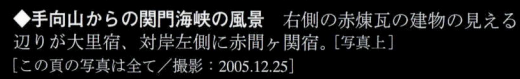

◆**小倉城大手門の風景**［写真上／撮影：2000.4.6］
◆**宮本武蔵の碑**　承応３年(1654)に小笠原藩家老の宮本伊織が、養父武蔵の碑を手向山(たむけやま)の山頂北側に建立した。［写真右／撮影：2005.12.25］

Chapter 3

長崎街道シリーズ
大里・小倉と筑前六宿
Kokura-jouka

小倉城下

文責◆**稲津義行**　［小倉郷土会員／長崎街道小倉城下町の会理事］
Inatsu Yosiyuki

◆**宮本伊織の墓**　手向山の西側麓に建つ。左から２つ目が伊織の墓。［写真／撮影：2005.12.25］

毛利《もうり》元就《もとなり》城を築く

小倉に城があったという記録は、源平時代の文治元年（一一八五）のころから出てくる。当時の城は、ほとんどが山城だから、現在の位置ではなく、もっと奥の山上にあったと思われるが場所は明確ではない。

現在地に城を築いた記録は、戦国時代末期のものである。毛利元就が豊前・筑前の領地獲得のため、豊後の大友宗麟と戦っていた永禄十二年（一五六九）宗像宮に奉納した置札に「小倉の津に平城を構え、伯耆国の南条勘兵衛を居城させた」と記されているという。

同年まで宝満、岩屋城主高橋鑑種らと組んで、大友方と戦っていた毛利方は、七月に国元の出雲で尼子氏が挙兵し、十月には大内輝弘に山口を占拠された。足元に火がついた毛利は、十月大友と急遽和睦し兵を引き揚げた。毛利の援助を受け、宝満、岩屋城で戦っていた鑑種は、孤立無援となり大友の軍門に降った。

高橋《たかはし》鑑種《あきたね》が居城

永禄十三年・元亀元年（一五七〇）高橋鑑種は、毛利方が引き揚げた後の小倉城に入った。この時代の小倉城は、現在残っている城跡よりもはるかに小規模で、今の室町一丁目（旧二ノ丸）にも、松本清張記念館から東側（旧松ノ丸）にも寺が建っていた。また、北九州市役所地下駐車場一帯を発掘調査した結果をみても、粗末なものだった。

しばらく小倉城で閉居していた鑑種は、元亀三年（一五七二）古処《こしょ》山城主秋月種実《あきづきたねざね》の弟元種《もとたね》を養子に迎えた。

このころから鑑種は小倉を根拠地として企救郡、田川郡から仲津郡に進出し、勢力を拡大しようとした。これに呼応して各地の反大友派の豪族が兵を挙げた。

小倉で再起を図ろうとした鑑種だったが、天正七年（一五七九）四月二十四日、野望を果たせぬまま五十歳で急逝し、城の南（旧松ノ丸）の、生前自分が建立した安全寺に葬られた。法名は安全寺殿竺心宗仙大居士といい、昭和五十三年に足立山麓に移った安全寺に、今でも位牌が安置されている。

高橋元種は義父の跡を継いで小倉城主となった。しかし、実家に近く要害堅固な香春岳城を本城として居住した。小倉城には城代を置いて出城とし、義父鑑種の遺志を引き継ぎ、秋月の宇都宮らとともに大友宗麟に叛旗を翻して戦った。

一方、薩摩の島津義久が九州平定を狙い、大軍で北上して来た。天正十四年（一五八六）七月、大友方の高橋紹運《しょううん》（鑑種《あきたね》の名目上の養子）の筑前岩屋城を攻めて全滅させた。古処山城の秋月種実《あきづきたねざね》、香春《かわら》岳城の高橋元種《たかはしもとだね》は大友に抵抗して島津勢に加わった。

天正十四年四月、大友は島津を討つために、豊臣秀吉に救援を頼んだ。秀吉は八月、黒田如水孝高《くろだじょすいよしたか》を軍奉行に、毛利《もうり》、小早川《こばやかわ》、吉川《きっかわ》ら一族を九州に派遣し、小倉城を攻めさせた。小倉城は十月に落城し、吉川元春が入城したが十一月に死去した。元種は香春岳城に籠ったが、毛利の大軍には叶わず十二月に降伏した。

天正十五年（一五八七）三月末、秀吉は二十五万の大軍を率いて九州入りした。高橋元種や秋月種実ら降伏した北九州の豪族は、九州平定の第一線部隊に立たされ、島津を討つために出陣した。同年五月、島津義久もついに秀吉の軍門に降り、九州は平定された。

毛利《もうり》勝信《かつのぶ》が城主に

秀吉は同年六月、博多の箱崎で大名の配置替えをし、高橋元種には日向国延岡（県）城五万三千石を、秋月種実には日向国高鍋（財部）城三万石を与えた。さらに、側近で九州平定の一番隊の大将だった森勝信（吉成）を「毛利」と改姓させ、小倉城主として豊前国のうち企救郡、田川郡六万石を与えた。小倉は九州の喉元なので、特に信頼できる者を城主としたといえよう。

この時代の城は、高橋鑑種のころと大差ないようだが、先般の発掘調査のときに、下屋敷跡から金箔の鬼瓦が出土している。勝信が秀吉にあやかって用いたのだろうと思われる。

慶長五年（一六〇〇）の関ヶ原の戦いで、毛利勝信は石田三成に味方した。小倉城は中津の黒田如水（孝高）に攻められ、勝信は城を抜け出して敗走したが、京都で捕らえられ、家康によって土佐の山内一豊のもとに流され、慶長十六年（一六一一）高知で逝去した。

細川《ほそかわ》忠興《ただおき》が築城

慶長五年（一六〇〇）十月、細川忠興は丹後国宮津から、豊前国と豊後国のうち国東《くにさき》郡、速見《はやみ》郡三十万石（検地の結果は三十九万九千石）の大名として中津城に入った。約四十万石に相応しい城を、九州の喉元である小倉に築くため、慶長七年（一六〇二）一月に鍬入れをし、同年十一月には早くも入城したが、小倉城の全容が整ったのは五年後といわれている。

本丸には、四層より五層の方が大きく、その間に屋根がない「唐造り」と言われる天守閣を中心に配して、周囲を松ノ丸（南側）、北ノ丸（北側、現八坂神社）で囲んだ。その外に濠を巡らし、現在の室町一丁目（旧小倉北区役所から西）一帯にあった本就寺（毛利勝信が建立）を米町へ、心光寺（高橋鑑種の正室武姫の菩提寺）を田町へ、長円寺を立町を経て鋳物師町へと移し、そこに家老屋敷を建て「二ノ丸」とした。また、本丸の西と南を知行取の武士が住む「三ノ丸」とした。

細川忠興は築城に当たって多くの濠を作り、石垣を築いて防御を固めた。特に、石垣は忠興自慢の自然石のままで築く「野面《のづら》積み」であり、当時のものが今も多く残っている。

その外側を広い「曲輪《くるわ》」とするため、古船場の三本松から長浜の海に向かって人工の川（砂津川）を作り、寒竹川の流れを二つに分けて外濠とした。また、寒竹川から香春口を経て紫川（豊後橋横）に通じる濠も造った。その内側が「東曲輪」で、縦横に碁盤状の道を造り、その中に武家と町屋を混住させた。

さらに、紫川から木町の北側（現大手町）を経て金田までの濠の内側には、武家の屋敷が立ち並んでいた。

金田の到津口門跡から北の大門までの旧電車道横が濠の跡で、その内側と三ノ丸の土手の間の田町、竪町が「西曲輪」で、ここも武家と町屋が混住していた。さらに、大門から紫川の川岸までの旧電車道北側の室町一丁目から五丁目（現室町二丁目）も「西曲輪」だった。濠の内側の石垣は多く残っているが、土手が当時のままの姿で残っているのは、現在の大門一丁目の思永中学校運動場西側の土手だけである。

門は本丸への出入りの門、城外への出入りの外濠の門、城郭内の門と、大小四八箇所の門があったが、現在は門の建物は全く残っていない。

本丸付近の門は東側の正面入口が大手門で、西側の西

◆小倉藩士屋敷絵図（提供：北九州市立歴史博物館）

ノロ門が搦手門である。細川時代は大手門、搦手門が逆だったという。その奥に本丸に入る門として、藩主や家老、菩提寺の住職等が出入りする槻門があり、一般武士は西側の鉄門からしか出入りできなかった。その他、虎の口門、多門口門などがあった。

　城郭から外に出る主な門には、「門司口門」、「中津口門」、「香春口門」、「到津口《いとうづぐち》(筑前口)門」、「篠崎口門」、「溜池口門」などがあった。「富野口門」、「清水口門」は後に「明けずの門」になったようである。門の内側には勢溜（広場）があり、数軒の寺院を配し防戦時の拠点とした。殆どの門が二回、三回と曲がらねば出入りできず、敵の侵入を防ぎ易くした「桝型門」であった。

　元和七年（一六二一）忠興は藩主の座を嫡子忠利に譲り、自分は中津城に隠居した。寛永九年（一六三二）十二月、肥後の加藤忠広が除封、出羽庄内に配流された後を受けて、小倉の細川忠利は肥後五四万石に転封した。

小笠原《おがさわら》忠真《ただざね》の就封

　小倉には小笠原忠真が、明石一〇万石から一五万石に加増され、十二月に就封してきた。忠真の母は、徳川家康の嫡子岡崎三郎信康の娘なので、忠真は家康の外曾孫であり、幕府の信任も厚かった。父と兄は慶長二十年（一六一五）の大坂夏の陣で戦死し、自分も七箇所の傷を受けたが助かり小笠原家を継いだ。

　忠真は城も町割りも、ほとんど手を加えなかったようである。ただ、家臣には最初は知行地を与えていたが、後に蔵米支給としたので、武士の居住が城下町に集中した。幕末に描かれた「小倉藩士屋敷絵図」をみると、武家と町屋の面積の比率は三対一だが、武士と町人の人口比率はほぼ半々なので、武家の屋敷は極めて広かったと

「西勢溜」　「東勢溜」　◆豊国名所（提供：北九州市立歴史博物館）

◆船着き場（複製）［写真上／撮影：2000.3.7］

◆常盤橋東詰［写真上／撮影：2000.3.7］

◆文政５年銘の橋脚［写真左／撮影：2000.4.6］

銘は「文政五壬午年建立」と刻まれている。茶色味を帯びた周防国三田尻産の花崗岩を使用している。

◆常盤橋西詰［写真下／撮影：2000.4.6］

「二の丸」　「川口」

◆小倉城　慶応２年（1866）の長倉戦争により焼失（自焼）したが、市民の熱望により昭和34年に天守閣、続櫓、着見櫓が再建された。この天守閣は４階と５階の間に屋根のひさしがない「唐造り」で、また５階が４階よりも大きく造作されており、独特の美しさが強調されている。一帯は勝山公園として市民に親しまれている。［写真上／撮影：2000.3.7］

◆**長浜**［写真右上］
左側に見える国道199号線のところは、30·31頁の「西国内海名所一覧」にも描かれている砂浜と海であった。
◆**船庄屋岩松家**［写真右下］
◆**長浜の貴船神社**［写真左上］
◆**門司口橋**［写真左下］
この辺りに門司口門があった。本州への渡航地である大里から門司関に通じている。
［写真は全て／撮影：2000.3.7］

いえる。

寛文五年（一六六五）三月、忠真は「広寿山福聚寺」を足立山麓に建立した。これは大名としては初めて建てた黄檗宗の寺である。その二年後の寛文七年（一六六七）に小倉で逝去し、広寿山福聚寺境内の南の小高い丘の上に葬られた。七十二歳だった。

以後、平穏な時代が長く続いたが、幕末の慶応二年（一八六六）の長州との戦いの後、八月一日に城を自焼して香春に退き、香春藩庁を置いた。長州との講和の後、小倉藩の中心地であった企救郡は長州藩の支配下に置かれた。明治維新を迎えて、明治三年藩庁は豊津に移り、その翌年十一月に小倉県となった。

軍都小倉に

明治維新後、明治四年に小倉城本丸跡に西海道鎮台が設置され、同八年に三ノ丸跡に歩兵第十四連隊が置かれ、明治十年には、ここから西南戦争に出征した。時の連隊長心得が乃木希典《のぎまれすけ》大将（当時少佐）であった。

十四連隊の南側には、かつては武家屋敷が立ち並んでいた。篠崎口（木町口）門までの広大な台地は、大正時代には練兵場となった。さらに、昭和八年には東京砲兵工廠が練兵場跡に移ってきて、小倉陸軍造兵廠となった。小倉は軍事色に染まっていった。

小倉の五街道

尾張の商人菱屋平七が享和二年（一八〇二）に記した「筑紫紀行」の中で「小倉は九州の咽喉なり」と述べているように、江戸時代から交通要衝の地だった。門司口門から大里や門司へ行く「門司往還」、中津口門から中津や宇佐に行く「中津街道」、香春口門から香春や秋月に行く「秋月街道」、到津口門から貿易港長崎へ行く「長崎街道」、鋳物師町から若松や芦屋を通り、博多、唐津へ行く「唐津街道」と五街道が小倉から放射線状に出ていた。

江戸時代の門の通行については、「門司口門」と「到津口門」は昼夜常に開門し、内側に番所があった。記述によると「二十人管守す」とあるが、紀行文からみても数人が交替で詰めていたのだろう。「中津口門」と「香春口門」は朝七ツ（午前四時）から夜九ツ（深夜十二時）までの開門で、番所には足軽二人が常番していた。時間外は切手持参者のみ通行を許可した。江戸時代の諸紀行文をみても、交通の要衝地だったためか、城下町でありながら、街道の通行に関しては割合寛大だったようである。幕末の記録にも「鎮西の通路自在なり」と書いている。

門の石垣は、到津口門以外は明治三十一年測量の陸地測量部一万分の一の地図に残っている。また「中津口門」の石垣の大石二基が、高倉稲荷神社境内に保存されている。高さが約四メートル、幅が約五メートルの細川忠興自慢の巨石で「明治三十四年に移した」と刻まれている。

伊能忠敬は文化七年（一八一〇）一月に門司往還、文化八年一月に中津街道湯川→水町→城野→秋月街道、文化九年一月に長崎街道、唐津街道を鋳物師町まで、同年七月に唐津街道を中原から常盤橋までの、小倉の五街道を計測したと「測量日記」に記している。

常盤橋

小倉の五街道の起点は、紫川に架かっている「常盤橋」であった。伊能忠敬が計測した記録では、橋の東側の街道（秋月街道、中津街道、門司往還）は、宝町一丁目（現京町一丁目）角からだった。西側の街道（長崎街道、唐

◆常盤橋［写真上／撮影：2000.3.7］
復元された橋は、清流となった紫川に美しく映えて市民の憩いの場となっている。

◆大門跡［写真右上／撮影：2000.4.6］
常盤橋から室町の通りを進んで最初の門がこの大門であった。奥に見えるのは、JR西小倉駅。
◆八坂神社［写真右下／撮影：2000.4.6］

津街道）は「西勢溜」にある高札場（現室町二丁目東角）が起点であった。この形式は明治初期の計測まで使用されていたが、明治十年の計測では小倉県庁前（現室町二丁目）が起点となっている。

　橋は江戸時代には、大水のため何回も建て替えられている。橋脚は初めは木製だったが、「文化十四年（一八一三）為試建之」と刻んだ、直径約三〇センチメートルの濃い灰色の花崗岩の橋脚が、現在の「常盤橋」建造前に川底から掘り出された。文政五年（一八二二）以後は、直径約八〇センチメートルもある茶色味を帯びた周防国三田尻産の花崗岩を使用している。他に文政十年（一八二七）、天保三年（一八三二）のものがある。なお、橋の西側たもとには「文政五壬午年建立」と刻まれた橋脚の一部を置いている。

常盤橋周辺の宿

　江戸時代の常盤橋周辺には、多くの商店が立ち並び、旅人のための旅籠が密集し、他藩の藩主が参勤交代のときに泊まったり、休憩したりする本陣（宿舎）が何軒もあった。

　橋の東側の橋本（現京町一丁目）には、門構えがあり長崎奉行や幕府の役人等が泊まった「大坂屋」、福岡藩本陣の「鍋屋」があり、隣の船頭町には唐津藩などの本陣「素麺屋」、佐賀藩などの本陣「塩飽屋」、久留米、柳川、平戸藩本陣「皿屋」などがあった。京町二丁目（現京町一丁目）の「桝屋」は小城、蓮池藩の本陣、室町三丁目（現船場町）の銭屋は大村、島原、鹿島藩の本陣だった。

　橋の西側の室町一丁目（現室町二丁目）には小倉藩の「御客館」があり、室町二丁目の「中原屋」は中津藩の本陣、室町三丁目（現室町二丁目）の「村屋」は鹿児島、熊本、人吉藩の本陣だった。これらの本陣で「門構え」があったのは、「大坂屋」、「桝屋」、「銭屋」、「村屋」だけだった。その他の門構えのない本陣では、大名だけは門構えのある宿屋に泊めてもらうことになっていたという。

長崎街道

　長崎街道の出発点は、前述のように伊能忠敬が計測した記録から推察すると常盤橋の西のたもとである。街道に面した室町は、以前は一丁目から五丁目までに区切られ、道幅はわずかに三間（五・四メートル）だったが、江戸時代には商店や旅籠が並ぶ繁華街だった。橋から約八〇メートル進んだ三差路の右端に、明治二十三年に設置した「水準点」が、当時の一級国道を示すものとして、そのままの形で残っている。その通りを真っすぐ約四〇〇メートル行って、室町五丁目（現室町二丁目）の突き当たりで右折し、すぐに左折すると「大門」跡である。その先が、「鍋被りの拷問」で有名な日親上人ゆかりの妙乗寺で、寺の前を左折しすぐ右折する。

　大門町の旧電車道を渡り、斜めの道を立町（現竪町一丁目）に入る。江戸時代、小倉に流されてきた最上騒動の最上光直、伊達騒動の伊達《だて》宗興《むねおき》を葬った安国寺の山門を見て、一つ手前の通りを左折し、約一〇〇メートル南下する。突き当たって右折し、すぐ左折して田町一丁目（現竪町一丁目六番）にある心光寺の前を通る。この寺は、戦国時代最後の小倉城主、高橋三河守鑑種の正室武姫の菩提寺で、鑑種の子供だと言われる亀房丸を祀った地蔵堂もある。田町四丁目（現田町八番）まで約四〇〇メートル進んで右折して、田町五丁目（現田町十七番）の「勢溜」に出る。勢溜の周りには五箇寺が軒を連ねていたが、今は二箇寺が残っている。

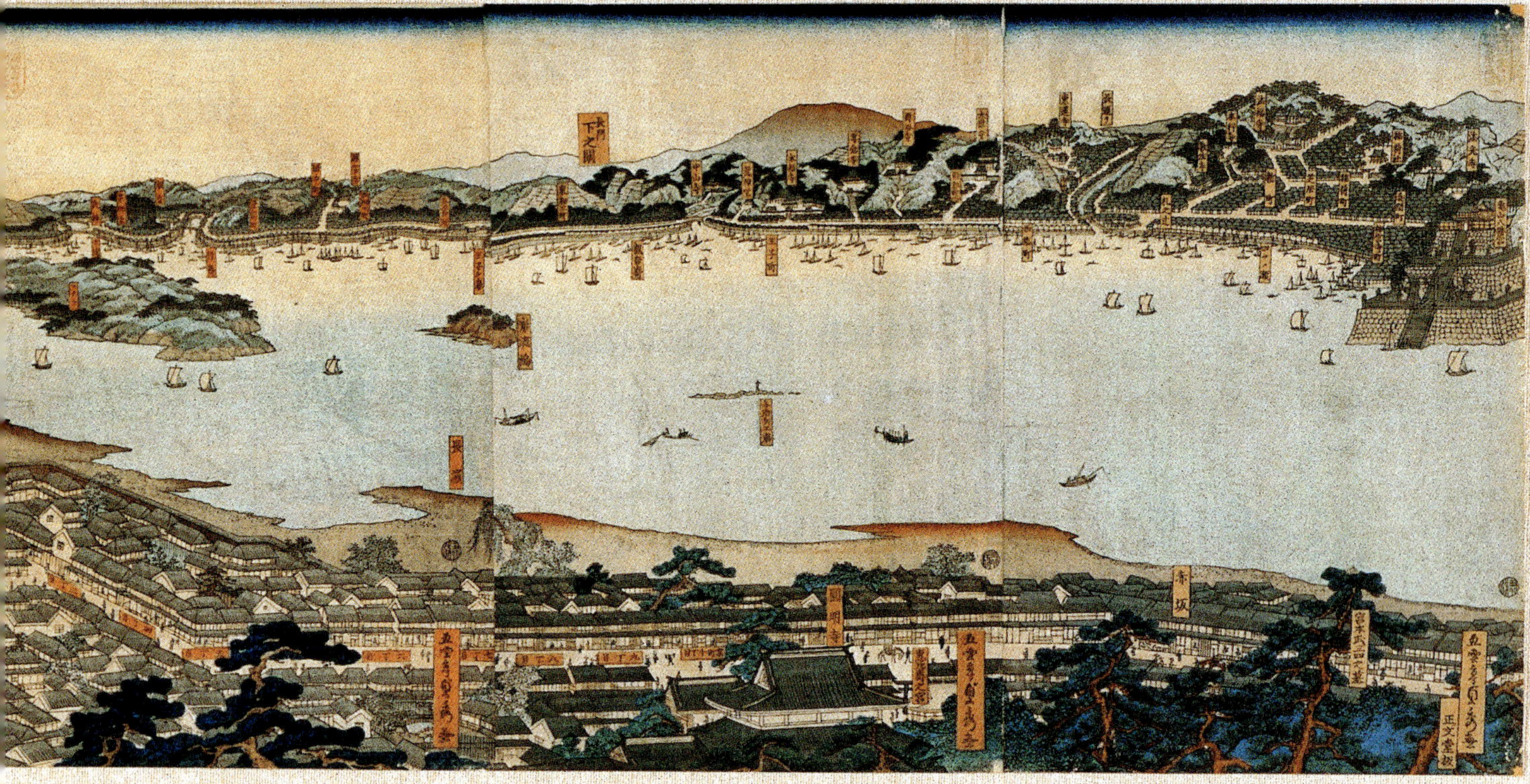

◆安国寺の松尾芭蕉の木像
安国寺の解説「芭蕉の門下森川許六が芭蕉遺愛の桜樹を切って彫ったもの。幾曉菴春波叟が宝暦のころ九州行脚のとき小倉に持ち来たり、地方の俳人とともに高浜の草庵に安置した。のち文政のころ古船場町の知鏡庵に移し、現在では安国寺に移されている」［写真上／撮影：稲津義行］

◆安国寺の山門
右が最上光直の墓で、左は伊達宗興の墓。
［写真左／撮影：稲津義行］

◆明治23年設置の水準点
［写真上／撮影：稲津義行］

門の様子については、元禄四年（一六九一）小倉を通ったドイツの医者ケンペルが「各門には二個の大扉あり、方形の石にて築かれたる両方の強固なる垣の間に立てり。各扉に接して戸を開放したる木造の番所の内には三人の侍が番を成しつつあり。（中略）立派なる装いを成せる三士が、そこに厳かに坐して顔を上向きにして、扉を見つつあるを我らは外より見ることを得たり」と述べている。到津口門跡には標柱と説明板だけが立っているが、門も石垣もない。ここまでが城下町である。［いなつよしゆき］

◆小倉県庁跡　豊前小倉藩は、小倉県となり、この辺りに明治４年から９年まで小倉県庁を置いた。現在では建物の一部が病院となっている。
［写真／撮影：2005.12.］

◆室町の風景
当時の道幅をそのままに残す室町の通り。奥に見えるのが常盤橋。
［写真／撮影：2000.4.6］

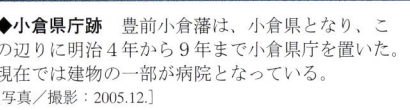

◆西国内海名所一覧　幕末期に五雲亭貞秀が描いた小倉城下の鳥瞰図（提供：北九州市立歴史博物館）［写真上］

◆新旧の時間が交差する小倉駅前の風景　画面下部、左右に通る横断歩道が街道である。左に進めば常盤橋、右に向かうと門司口に向かう。街道の上をクロスしてモノレールが走る。右手に見える小倉伊勢丹１階の西側玄関から東側玄関に抜ける店内中央通路は、往時の道幅が保たれ、街道を意識した配慮がとられている。それぞれの玄関には街道の表示がある。店休日は通れないので要注意。［写真／撮影：2006.1.11］

小倉城下 周辺の地図。この地図は、国土地理院発行の２万５千分の１地形図（小倉／八幡）をつなぎ、８９％に縮小して使用したものである。

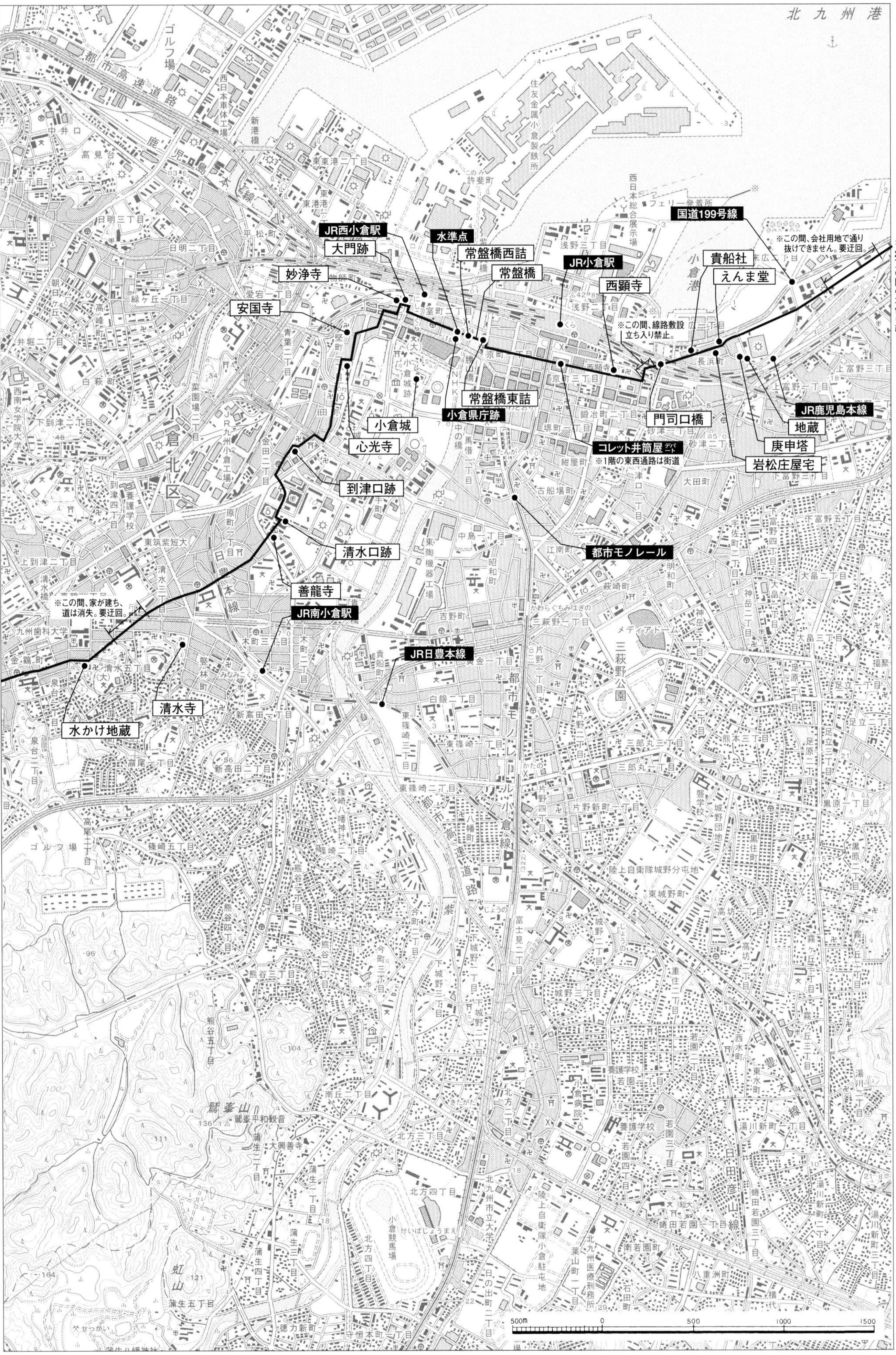

＊21頁の図の左側に続く

＊33頁の図の右側に続く

八幡 周辺の地図。この地図は、国土地理院発行の２万５千分の１地形図（八幡）を、89％に縮小して使用したものである。

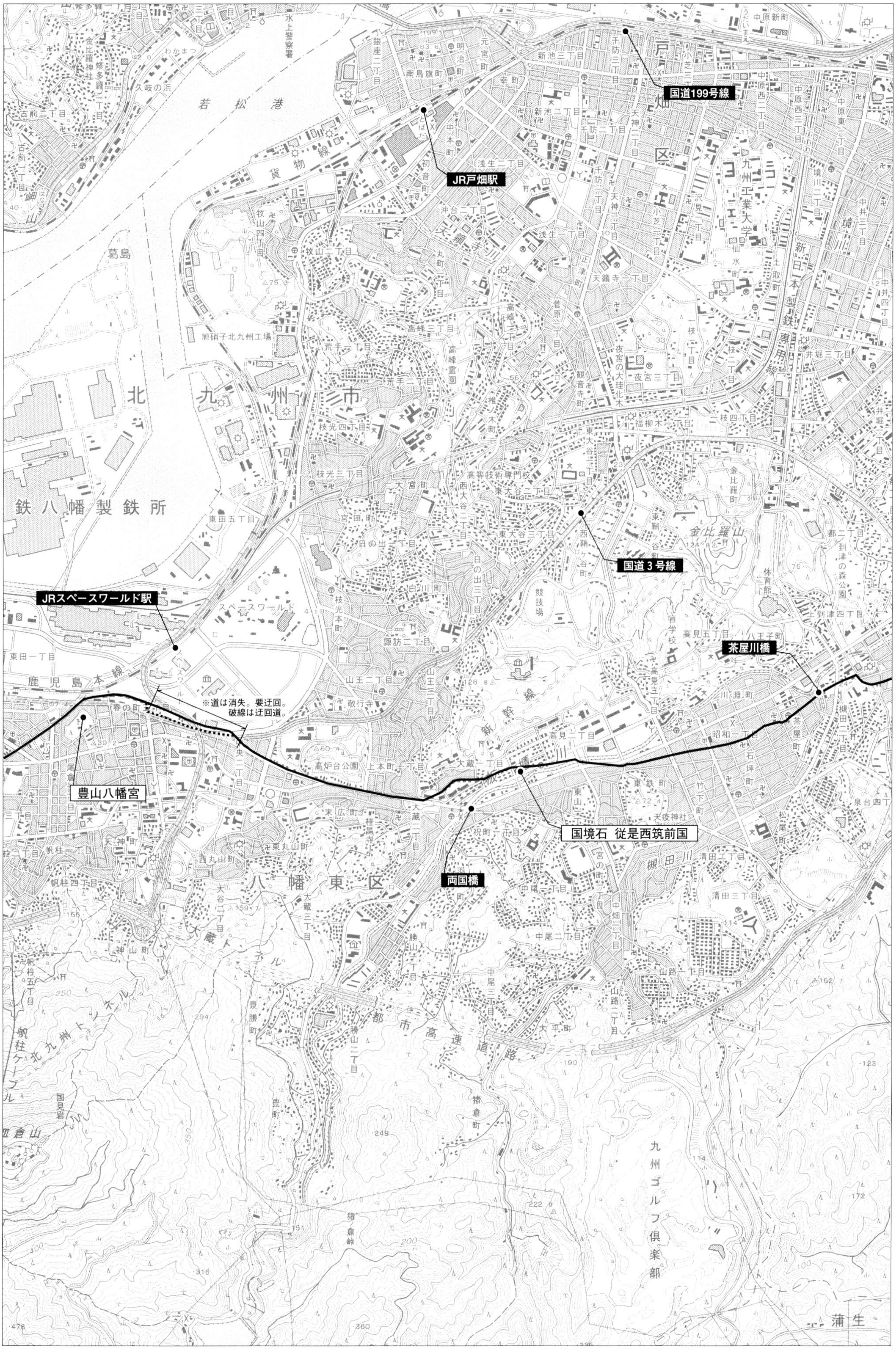

*44頁の図の右側に続く

*32頁の図の左側に続く

◆黒崎城址の道伯山と長崎街道
右側に見える道伯山に黒崎城が築城された。縦に連なる道は街道で、御茶屋は左側に見える信号の奥から、JR鹿児島線、そしてこの画面の左手前あたりまでの広大な敷地に建っていた。[写真上／撮影：1999.2.26]

◆国境石
八幡駅の南側400mの位置にある八幡東区の図書館の入口に、国境石が向かいあって建っている。手前国境石には「従是東豊前国」銘。奥の国境石には「従是西筑前国」銘が刻まれている。両方とも上の部分が欠失している。材質も砂岩質なので風化がはげしい。
[写真上／撮影：2000.4.6]

Chapter 4

長崎街道シリーズ
大里・小倉と筑前六宿
Kurosaki-syuku

黒崎宿

文責◆前山利治 [八幡郷土史会顧問／郷土歴史研究者]
Maeyama Tosiharu

◆「曲里の松並木」の長崎街道
東曲里町の南北およそ700mにわたって美しい松並み木が続いている。松は600本あるが、江戸期の松は年々減ってゆき、現在では3本が確認できるのみである。[写真左／撮影：1999.12.26]

黒田氏筑前入部《にゅうぶ》と一国一城

黒田長政が、関ヶ原の戦の功績により筑前に大守として入部してきたのは、慶長五年（一六〇〇）であった。長政は、家臣の井上周防守《いのうえすおうのかみ》に一万六〇〇〇石余を与え、黒崎に築城させ、その城を預けた。

『当代記』には慶長十二年（一六〇七）八月、駿府城成り諸国の役夫罷め帰の条項に「この二・三年中九州・中国・四国衆はいずれも城普請専らなり。乱世遠からずとの分別か」云々とある。

また、『黒田家譜』の慶長六年（一六〇一）の福岡城築城の条項には「世すでに無事に属すといえども、なお大乱の後なれば、いかなる不慮の変もあらんかとの意にや、長政みずから城槨の造作を急ぎはかりいとなみ、日々その功程を察し給いしかば、諸侯も万民もつとめて怠らずして城槨を築き、久しく功なれり」云々とある。

右記の通り、徳川家康の全国平定後も、西日本地方では、さかんに城郭の修理や建築が行われ、黒田家も、その例にもれなかったということである。

しかし、元和元年（一六一五）になり、大坂も平定すると、その閏六月十三日に、幕府によって領国の居城以外の城を壊す命令である「一国一城」の制が敷かれることになる。

さらに翌七月の武家諸法度の第六条には「城郭の新築を禁じ、居城を修復といえども必ず之れを言上すべしとせしは、今年閏六月十三日の令の趣旨に基く」とある。つまり、城の修理は許可制となり、新築は厳禁とされた。これらは戦国的な軍事体制を終わらせ、諸大名の軍事力を弱める幕府の政策であった。

道路交通の制

道路については、幕府は軍政上の必要により、大いに注意を払った。

幕府は、漸次道路の整備をし、慶長十六年（一六一一）七月には各宿駅に高札を建て、一駄、つまり馬一頭に負わせる荷物の目方を四十五貫目とし、ついで、いろいろな労役に対する報酬についての制度も定めた。

寛永十二年（一六三五）六月の武家諸法度、第十五条には「道路・駅馬・舟梁等断絶なく往還の停滞すべからざる事」と定めた。参勤交代の制が敷かれたのもその年である。

万治二年（一六五九）には、道中奉行を置いてこれを支配させた。その道中奉行は、勘定奉行か大目付の一人が、これを兼任していた。

この令によって黒田忠之が街道の整備を始めており、『遠賀郡誌』にも「寛永年中（一六二四〜一六四三）黒崎の宿駅整備す」と記載されている。

「一国一城」と「参勤交代」、戦国的な軍事体制を終わらせ、諸大名の軍事力を弱める二つの政策が、黒崎を城下町ではなく宿場町として、その後発展させることになったのである。

黒崎湊と町並みについて

『黒田新続家譜 三』の、寛文十一年（一六七一）の記録には、港を築くべく、黒崎の海岸を浚渫して土堤を築く旨、許可を申請したことが記されている。江戸にいた久世大和守廣之が黒田家中の松平右衛門佐に宛てた手紙で、申請された工事の規模がわかる。

「筑前国黒崎船入之堀、長百間、横十五間、深三尺五寸堀之事、并右之船入西波防之土手百間、根置七間、高壱間築之事、被レ注二絵図一之通承戸届、各遂二相談候間、新規普請可レ被申付一候、恐々謹言」とある。

町並みとその後の様子については、文政三年（一八二〇）の熊手村書上帳に書かれており、現代語になおすとつぎの通りである。

「井上周防が黒崎城下にいたときに、堤防を築き、干潟であったところに民家を移築させた。それにより田町と熊手の町並が出来て、新しくできた道は、城下のメインストリートとなった。そして、それまで街道だったところも、尾倉村抱小伊藤というところから前田村、上鳴水村、下当村山手茶屋の原というところに通じ、それにより街道跡も今の街道も、海陸の交通が便利になり、商売もさかんな場所になった。（中略）また、さらに井上周防と井上半兵衛が黒崎にいた間、寛永十四年（一六三七）まで開墾工事をおこない、稲作等の田地が出来、収穫も、四〇〇石あまり増え、当村の石高は、つごう一〇四三石あまりになった（後略）」とある。

幕末、黒崎湊に五卿が上陸した記録

文久三年（一八六三）の「八月十八日の政変」で失脚した七卿の三条実美《さんじょうさねとみ》、四条隆歌《しじょうたかうた》、東久世通禧《ひがしくぜみちとみ》、壬生基修《みぶもとのぶ》、三条西季知《さんじょうにしすえとも》、錦小路頼徳《にしきのこうじよりのり》、澤宣嘉《さわのぶよし》は長州藩に逃れた。さらに翌元治元年（一八六四）七月の「禁門の変（蛤御門の変）」で敗れ、五卿（途中、澤宣嘉は脱走し、生野事件に参加、錦小路頼徳は病死）は太宰府に引き取られる。

五卿は元治二年（一八六五、慶応改元は四月七日）一月十四日に滞在していた長府を発ち、赤間関から出帆、厳寒の響灘の波浪をついて若松港に着き、ここで福岡藩差向の小船に乗り換え、同日、黒崎港に入り上陸した。

その件については『七卿西鼠始末』の三条実美記十二の記録にもあるが、現代文になおしてみる。

慶応元年（一八六五）一月十五日、晴、卯の刻（午前六時頃）に福浦を出帆、午後に筑前国遠賀郡若松に着船した。（中略）ここから黒崎へは小さい湾だから大船は通れない。若松から黒崎までの距離は、海上をおよそ一里ばかりだ。

申の刻（午後四時）前に黒崎浦に船が着き、筑前藩家老の久野四郎兵衛が、五卿を迎え、長州藩家老柳沢備後と、長府の家老迫田伊勢之助に応接し、ともに送迎のお礼を言って各々上陸し、黒崎の本陣に五卿をお願いした。黒崎の道路を五卿は輿に乗り、送迎の藩兵は前後を守備し、粛々として入陣した。長州から護送してきた人たちも、それぞれ黒崎に泊った。また、黒田家から重臣が何人か迎えに来て、五卿に謁し来迎を祝賀した。

（十六日、十七日は略）

十八日曇、暁寅刻（午前四時）に黒崎出馬、木屋ノ瀬で中食、そして黒崎から、およそ七里の赤間駅に夕食時頃に着いた。藩主の離館の、通称赤間御茶屋というところで泊まった。と記載されている。

参勤交代の大名行列の人数

大名行列はいうまでもなく、参勤交代で国許と江戸を往復する大名を中心とする部隊の行列である。鉄砲・弓・槍・刀などの武器、合羽、着替えの衣類なども携行する。一万石の小大名でも百人ぐらいの数になる。

幕府は、正徳二年（一七一二）四月二十三日、大名が参勤交代するに当たって召し連れる人数の制限の令をだ

◆**黒崎宿御茶屋跡**
［この頁の写真は全て／撮影：2000.6.25］

◆**田町の街道筋**　ここから70ｍ進んで右に曲がり60ｍほど進むと東構口に向かう。また、この左側の駐車場の位置から線路を渡って50ｍ進んだ辺りまで御茶屋の敷地があった。

◆**東構口跡**　天和元年（1615）に黒崎城が廃されたときに、その南側の堀を埋めて、この構口が開かれた。奥に見える寺は阿弥陀如来を本尊とする神蹟山海蔵庵。

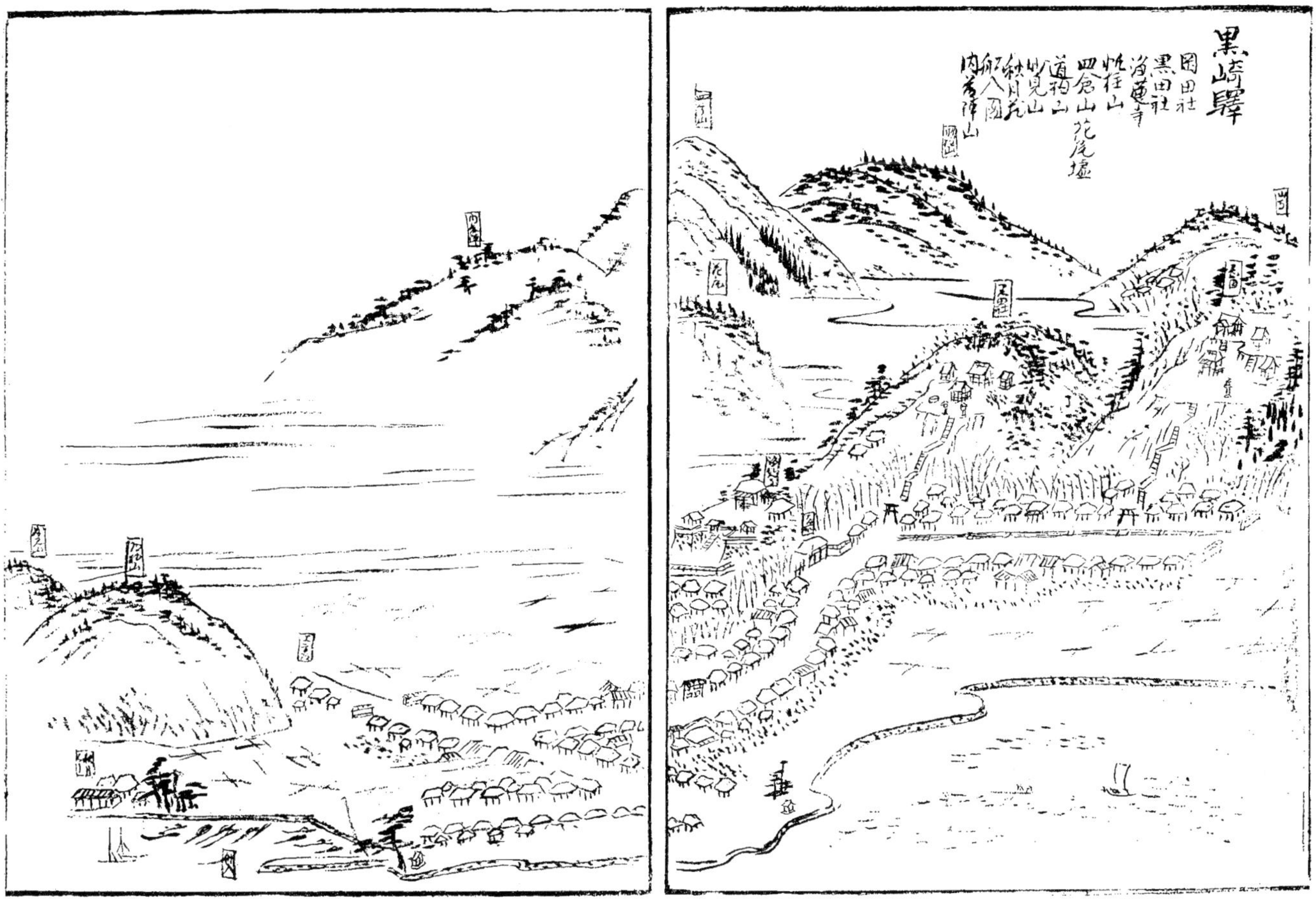

◆ **筑前名所図会／黒崎驛**　奥村玉蘭筆（福岡市立博物館 所蔵）

した。「元和元年の御定めもあるに、近来行列の人数増加し、その結果として江戸詰めのみ次第に多く、主人ならびに家中のものの経済困難に傾くのみならず、留守を空虚にすに近し。これ軍備上にもよろしからず。ゆえに向後参勤の節は分限に応じ制限せよ」とある。

薩摩の島津氏では、寛永十二年（一六三五）の行列は乗馬二〇騎、小姓二〇人、陸の者二〇〇人、小者・中間・道具の者一一〇人、又小者八九〇人の計一二四〇人と壮大であったが、明和二年（一七六五）になると帰国のときの記録では、五〇六人に減少している。

東《ひがし》構《かまえ》口《ぐち》

『太宰府紀行』（筆者不祥）の、寛政八年（一七九六）九月十五日によると、「……豊前と筑前との国境の表示からしばらく行くと、大くらという峠があった。それから一里半で本宿黒崎に着いた。夕方から雨。筑前の内本宿は都而入口出口とも、町の境いに両方から少しの白壁屏があり、袖屏があって遠くからも見える。端宿には氏袖屏はない……」とある。

この文中にある東構口は、現・田町二丁目海蔵庵前にあった。現在では庵境内に構口の土塀の基礎石一個があるだけである。

大正初期の新町地区の絵図を見ると、街道の道幅は五メートルと書かれているので三間の道幅であったことが分かる。

構口を西に向かい右に曲がると黒崎湊への道になり、左に曲がると長崎街道の田町に入る。角に町茶屋八幡屋、続いて町茶屋関屋がある。一軒おいて御茶屋である。すこし離れて桜屋と続く。

◆**浄蓮寺**　慶長２年（1597）の創立、天保11年（1840）の火災で消失したが安政４年（1857）に再建された。筑前名所図会には花尾山の麓に描かれている。［写真上／撮影：2000.12.26］

◆**藤田銀天街**　黒崎の町は、JR黒崎駅から放射状に展開している。長崎街道は、その一番外側を通っていて、藤田と熊手の通りをアーケードで覆った商店街が連なっている。画面の中央の奥に熊手のアーケードの入口が見える。［写真上／撮影：2000.6.25］

◆**人馬継所跡**　田町から御茶屋の前を通って進むとこの場所に出る。右に曲ると藤田に向かい、真直ぐ進むと春日神社（黒田社）に向かう。［写真右／撮影：2000.12.26］

◆街道松　右側に見える大木が江戸時代の松である。他に２本あるが、いずれも昭和時代に植樹された松とは幹の太さや風格が全然違うので、すぐに判別がつく。［写真上／撮影：2000.6.25］

◆興玉神　熊手のアーケード街に大切に奉られている。［写真右／撮影：2000.2.10］

◆曲里の松並木の出入り口　乱れ橋を通り 150 mほど進むと、整備された曲里の松並木の出入り口の前に出る。この道は、市民の安らぎの場だけでなく、生活道路として利用されている。［写真下／撮影：2000.6.25］

奥村玉蘭の『筑前名所図絵』に、正覚寺をのぞいて以下の神社仏閣が確認できる。
［以下２点の撮影：1999.12.26］
◆春日神社［写真右上］
◆岡田宮［写真左上］
［以下２点の撮影：2000.6.25］
◆御茶屋跡［写真右下］
御茶屋は、列車の見える位置の画面左右いっぱいにあった。
◆正覚寺［写真左下］

御茶屋と町茶屋、旅飯屋

諸大名が参勤交代などで往復するときに、わざわざ御殿を造るわけにはいかないから、各宿々で、富裕の者で住居も広く、召し使いの男女も多数いる家を宿所にあてた。それが定宿のようになり、はじめは大名宿と呼んでいたのが、寛永（一六二四～一六四四）頃から本陣というようになった。

本陣には、勅使・宮・門跡・公家・大名・高家・旗本などが休泊するのを原則とした。大名の往来には、数百人から千人以上にもおよぶ家臣・従者がおり、小荷駄が多いので、家臣らは宿内の旅籠屋に分宿した。これらを下宿《シタヤド》といった。

古海氏の記録で、「茶屋は明応元年（一六五六）より始まる」とある。御茶屋（本陣）と町茶屋（脇本陣）は、門・玄関・書院を設けることが特権で、一般の旅籠屋にそれが許されたのは明治維新後である。

福岡藩の入口である黒崎宿の御茶屋は、特に広大で、現在、御茶屋跡の石碑のある駐車場から鹿児島本線の線路を渡り、さらに三〇メートルほど進んだ位置まで敷地があった。それらの数値は左記のとおりである。

御茶屋家屋敷坪数　平屋　（推定）
敷地面積四一間×一〇間　四一〇坪
建物坪数三五間×五・五間　一九二・五坪
その他　蔵・茶屋守住居等

町茶屋家屋敷坪数　二階建　（推定）
敷地面積　五間×一五間　七五坪
建物坪数　四間×一〇間　七〇坪
その他　蔵・茶屋守住居等

黒崎宿の旅飯屋は、安政七年（万延元年・一八六〇）には二十一軒であった。

舛屋・吉屋・古藤屋・富屋・鶴屋・紀伊国屋・俵屋・久留米屋・竹井屋・桜屋・長崎屋・松屋・樽屋・藤野屋・綿屋・塩屋・浜屋・松屋・対馬屋・関屋（町茶屋）・八幡屋（町茶屋）である。

田町を直角に右に曲がると藤田に入る。かどは人馬継所で、道を隔てて東側に番所があった。真っすぐ南に向かうと突きあたりに春日宮がある。

番所

幕府は、寛永十二年（一六三五）六月、武家諸法度の第十六条に「私の関所新法の津留制禁の事」を定めた。

『藤田村書上帳』に、黒崎の番所についての記述がある。それは、「寛永年中（一六二四～一六四四）に初めてこの場所に番所が置かれた。当局は諸国の諸客が西の国々に出入りするときに予期しないことが起こることを警戒し、婦女子が手形等なしに、他国に通ることを許さない云々……」とある。仮名附帳写にも「口留番所志摩郡前原村ノ内前原町丸田。御笠郡原田村本町。遠賀郡藤田」とある。

また、『黒田新続家譜』の、享保元年（一七一六）差出状によれば、「去年十一月二十九日横田備中守、大久保大隅守から、国中旅人改候所を申出へきとの事に付、是又今日正月二十九日指出たる」とある。それには、筑前国旅人改所（番所）として、左記の三箇所をあげている。

・豊前小倉領との境にある遠賀郡黒崎宿
・肥前田代宿と対馬領との境にある御笠郡原田宿
・御領筑前怡土郡深江村境にある志摩郡前原宿

そして、それに続けて、

◆**西構口跡**［写真右上］［この頁の写真は全て／撮影：2000.6.25］
◆**乱れ橋**　この橋を渡り、画面の左側に進むと曲里の松並木の所に出る。［写真右下］
◆**江戸時代の松**　長年にわたって街道を見守っていた老松も台風等で倒れ、痛々しい姿をみせている。いつまでも歴史の証として残って欲しいと願うばかりである。［写真下］

一、右三箇所に、往来する男女を検査する番所がある。旅人の通行証は、そのときの役人が、手形を見て、領内の者、往来者、此方役人の発行する通行証を見届けてから通すこと。もし、不審なありさまが見られれば、そのことを代官に知らせて、先の宿まで使いを出すこと。

ただし、通行証を持っていても、疑わしい有り様の人間は、通さないで、元の宿に送り返すこと。女性は、別に入念に吟味すること。

一、旅人の荷物の指札などはすべて、右の三箇所で、気をつけて検査すること。もし疑わしいところがあったときは、そこの代官に事情を届け出て、元の宿へ送り返すこと。とある。

不審な者があれば厳しく評定し、小倉から来た者は、三条の国境まで送り返し、木屋瀬から来た者は、不審の理由を添え書きをして送り返したということである。

藤田に入ると中川がある。藤田村、熊手村との境川である。熊手村は上市と下市とに別れているが、下市に岡田宮がある。

西構口から乱橋《みだればし》

現在は、西構口の石碑だけが建っている。

江戸時代は、この西構口を一歩出ると、人家はなかった。元禄から宝暦（一六八八～一七六三）の洞海湾の埋立てによって田圃になった風景が続いていた。

その西構口から五〇メートルほどで乱橋に着く。

乱橋の名前の由来であるが、遊郭があったので「心が乱れたから乱橋となった」とか、「垂水が水垂となり、乱れとなり、乱橋となった」との説があるが、随分と乱暴な話である。

まず、黒崎に赤線が出来たのは、昭和二十年十二月、八幡警察署のお声掛でのことである。また熊手村の小字に垂水や水垂などはなく、乱橋の周辺にも小さな滝はなかった。

『太宰管内志』に、「垂見又垂水共に多流美と訓ムべし名義は、山ノ下にて水の下垂落る處をいふなり。」とある。

垂水を万葉集に求めると、

「石ばしる　垂水の上のさ蕨の　萌え出る
春になりにけるかも　一四一八」
「石走る　垂水の水のはしきやし
君に　恋ふる　我が心から　三〇二五」

※垂水　小さな滝をあらわしている。

富田沙明（黒崎宿俳人、町茶屋関屋の人）が「ほたる飛ぶ　松のはつれや　乱れ橋」と詠んだのは、群舞している「ほたる」が橋に邪魔され、この橋の処だけ何となく燦を乱して飛んでいる様を見て「乱れ橋」と詠んだのではないだろうか。

曲里《まがり》の松並木

乱橋を渡って、直進すると唐津街道につながる道で、長崎街道は左に曲がる。約一五〇メートルほど進むと東曲里町の「曲里の松並木」の出入り口の前に出る。

ここでは六〇〇本もの松が数えられ、往時の姿を偲ばせている。その松のほとんどは、昭和四十六年に、僅かに残った江戸時代の松が北九州市の史跡に指定された際、「旧街道緑地」として整備されてから、植えられたものである。

江戸時代と思われる大きな古い松も、昭和三十年代までは、五〇本ほどが見られたが、年々少なくなり、現在では、三本を数えるのみである。

［まえやまとしはる］

◆上の原の涼天満宮
黒田公専用の参勤交代道、中筋往還の底井野道がこの辺りで合流する。
［写真上／撮影：2000.4.7］

上の原・上津役《こうじゃく》

◆やから様
国道の脇にヤブツバキに隠れてひっそりと祀られている。
［写真上／撮影：2000.4.7］

◆立場茶屋銀杏屋

現在、長崎街道上で唯一「上段の間」をもつ建築物として残る近世の重要な遺構である。銀杏屋は大名たちの「御小休所」で原則的に一般人の利用は出来なかったが、伊能忠敬をはじめ、歴史上の人物がここを利用した。主屋は天保７年（1836）の火災により焼失したのちに建て直されたもので、建築の年次も明確である。［写真上／撮影：2000.10.4］

◆銀杏

主屋の火災のときに、庭の銀杏も焼けたが、根株から芽が出て、現在では焼け跡を大切に包むように４本の幹を伸ばしている。また晩秋には、わずかな期間であるが素晴らしい黄葉をみせてくれる。

［40頁左下の写真／撮影：1999.1.27］

石坂

◆石坂の急坂

この急坂は、殿様も駕篭を降り坂を歩いて登ったといわれる。現在は、整備されて階段になっている。この時期はツワブキが黄色い花を咲かせていて嬉しい散策の道となる。登りついて 150 mほど歩くと立場茶屋に到着する。

［写真右／撮影：1999.11.27］

黒崎宿 周辺の地図。この地図は、国土地理院発行の２万５千分の１地形図（八幡／折尾／中間／徳力）をつなぎ、89％に縮小して使用したものである。

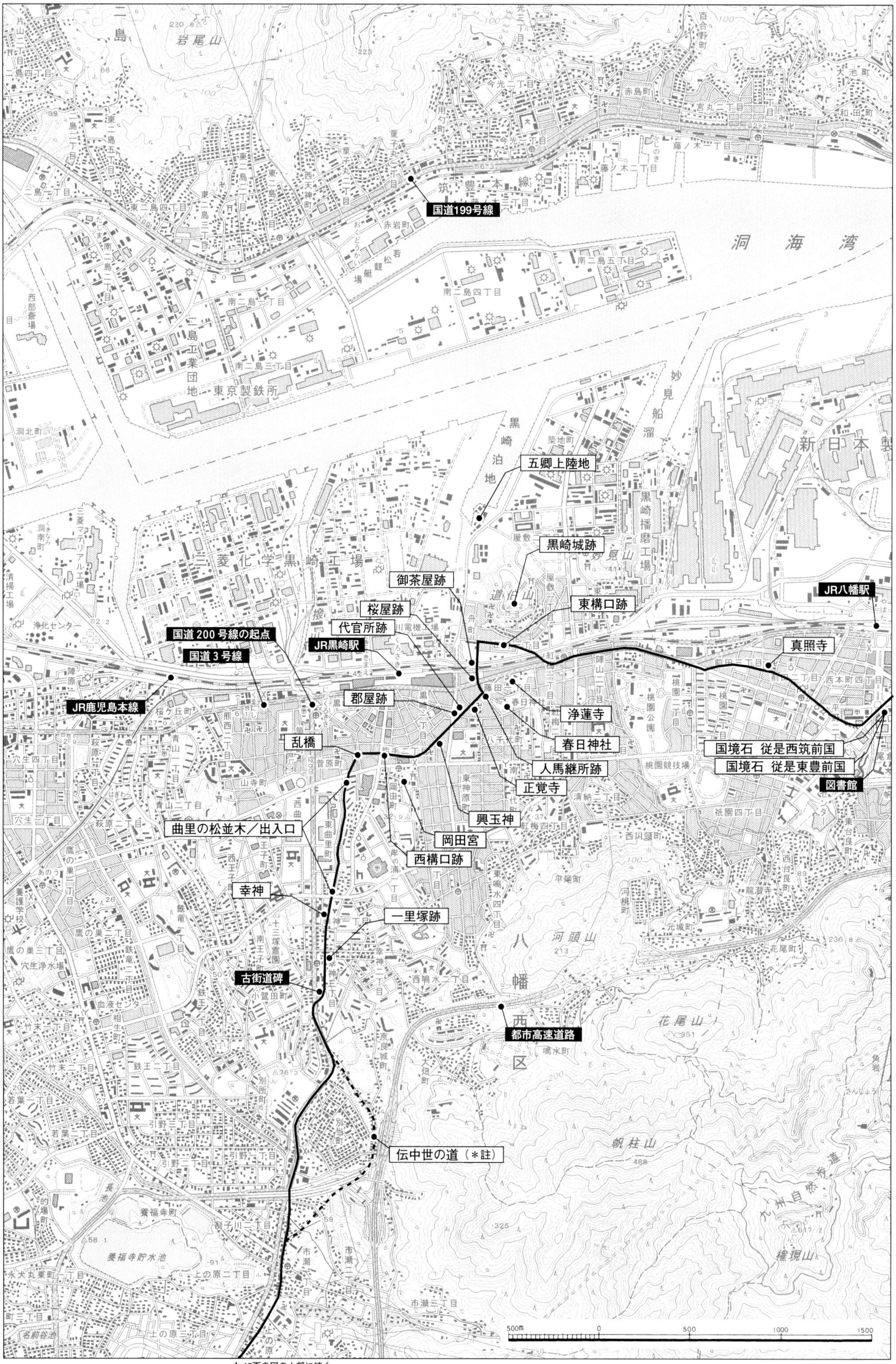

＊33頁の図の左側に続く

（＊註）京良城から長崎街道の右側を別当、市瀬と通り、また割子川のところで長崎街道と合流する道について、河島悦子氏より「地元の人達の話や調査から長崎街道より古い道と思われる」とのご指摘を頂いた。［編集部］

＊45頁の図の上部に続く

木屋瀬宿 周辺の地図。この地図は、国土地理院発行の２万５千分の１地形図（八幡／折尾／中間／徳力）をつなぎ、89％に縮小して使用したものである。

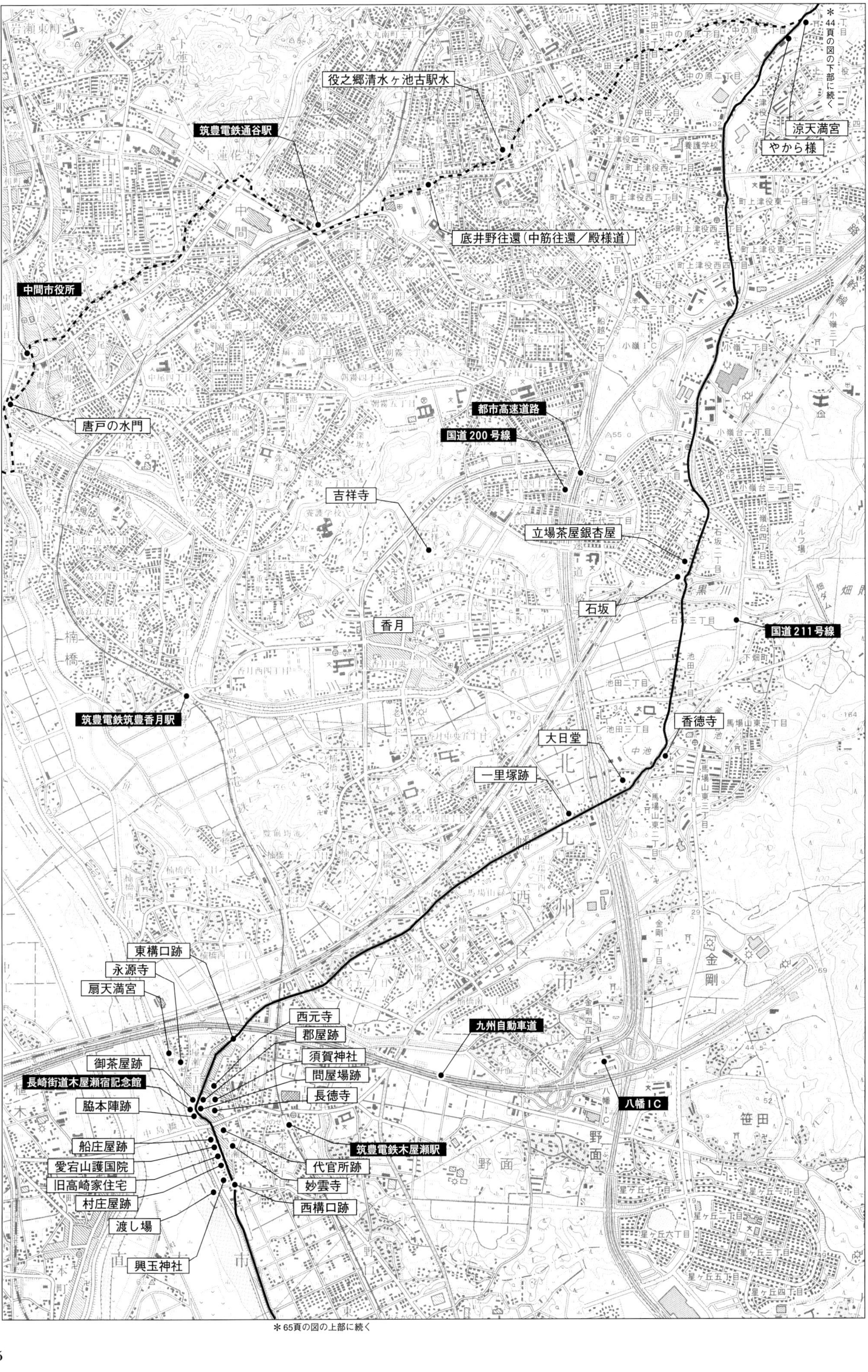

＊44頁の図の下部に続く
＊117頁の図の右側に続く
＊65頁の図の上部に続く

◆旧高崎家住宅と木屋瀬の街並
高崎家は屋号を⊡（カネタマ）といった。建物は梁の墨書きから天保６年（1835）の建築と考えられる。また、放送作家の伊馬春部の生家でもある。
［写真左／撮影：2000.10.3］

Chapter 5

長崎街道シリーズ
大里・小倉と筑前六宿
Koyanose-syuku

木屋瀬宿

文責◆**水上　裕**　［木屋瀬みちの郷土資料保存会 会長］
Mizukami Hiroshi

一、はじめに

「飯塚・木屋瀬、碁盤のおもて　駒を早めて　黒崎に」江戸時代、筑後から筑前に入る参覲交代の行列が、峻険な冷水峠越えで難儀をした後、平坦な遠賀川畔の松並木を飯塚・木屋瀬と進むときに、朗々と雲助が謡った長持唄である。そういえば、オランダ商館長の江戸参府に随ったシーボルトは、ここで駕籠を降り、鶴や雁の群れを愛でながら歩いている。また、洋風画家司馬江漢も、「多くは真奈鶴……。路々櫨《はぜ》の木、紅葉して錦の如し」と『西遊日記』に書いているし、享保十四年（一七二九）三月、八代将軍吉宗が所望の象も、飯塚から五里の遠賀川縁をゆったりと歩を進め、木屋瀬で夢を結んでいる。そのさまは今も想像するに難くない。

二、木屋瀬《こやのせ》宿の成立

六世紀、時の権力者物部守屋《もののべのもりや》が蘇我《そが》氏との政争に破れ、その孫の物部辰狐が配流されたのが木屋瀬で、今も「久保屋敷」の地名で残っているのがその縁《ゆかり》かと語られている。公方《ぼう》=久保であろうか。大正六年、遠賀川土手改修で現在地に移った扇天神も、観応以前（一三五〇頃）からは久保屋敷の鼻先、今の大銀杏のところにあったので久保崎天神と言っていた。(※扇天神と変わったことは後述する)

木屋瀬の地名の最古は、平安期、承平四年(九三四)ころ、三十六歌仙の一人、源順《したごう》が成した『和名類聚鈔《るいじゅうしょう》』(和名抄）巻九遠賀郡六郷の中に「木夜《こや》」郷が見える。今の八幡西区南部から鞍手郡域まで及んでいたと推定される下って室町期、文安五年(一四四八)、今の八幡西区一帯の豪族麻生弘家の知行目録中「木屋瀬津」と、遠賀川水運上の重要な拠点木屋瀬がすでに見えている。さらに陸路としても、既に大宰府への道筋の一邑をなしていたことはよく知られているところである。

文明十二年（一四八〇）に京の連歌師飯尾宗祇が、中国・九州北部の覇者大内政弘に誘われて山口を訪れた際さらに大宰府参りを勧められた旅の途中、若松で船を降り木屋瀬で数日を過ごす。その間、大内の家来陶弘詮《すえひろあき》が筑前の守護代として居を構えていた館で連歌を詠み、酒宴の時を過ごしている。「福岡県地理全誌要目」の木屋瀬の項では「久保屋敷、陶弘詮館址」とある。宗祇の『筑紫道記《みちのき》』では、暁近き夢に「我は天神」と称する人物に扇を与えられ、末広のめでたさを喜んだ後、宰府で時の郡司から扇をもらったとある。このことから、地元では久保崎天神を扇天神と言うようになる。その間の事由を物した筑前の国学者伊藤常足の碑文は、今も本殿横に立っている。

近世の宿駅としての木屋瀬は、慶長十七年(一六一二)ころに冷水峠越えの道が開かれて以降発達したと推察されるが、それ以前にも、黒崎から木屋瀬を経て赤間に至る街道は存在していたので、そのころはすでに宿は成立

していたといえる。さらに整備されるのは、寛永十二年（一六三五）に諸大名の参勤交代が制度化され、現在いうところの長崎街道（長崎路）が発達し、木屋瀬宿は、赤間道との追分の宿として栄えたわけである。

福岡藩では、元和九年（一六二三）二代黒田忠之のとき、弟高政が四万石で分知された東蓮寺藩（後に直方）は、鞍手郡二四、嘉麻郡三、御牧《みまき》郡（後に遠賀）三の計三〇箇村で、木屋瀬村は鞍手郡に含まれている。面白いのは、蔵入地としての代官に、木屋瀬だけは藩士ではなく「木屋瀬町人善兵衛、同村庄屋彦左衛門」が貢米の取立代官に任命されている。これは、少なくとも江戸初期寛永頃には町人が存在し町が成立していたことを物語る。そして、寛文三年（一六六三）東蓮寺藩の二代之勝《ゆきかつ》が死亡し、五歳の長寛《ながひろ》が藩主になったころは、木屋瀬村だけは隣村（野面《のぶ》・篠田《ささだ》・金剛）と分かれて福岡藩に帰属している。おそらく、支藩である東蓮寺藩にとっての宿駅は、負担が重かったためであろう。

三、木屋瀬宿の機構

宿の南、構口の外に、飯塚の宿からの長崎路と遠賀川土手からの赤間路（内宿通）との追分を示す、**「追分の道標」**が建っている。「従是《これより》右赤間道左飯塚道」が表、裏は「元文三年建」とある。江戸中期の一七三八年である。残念なことに、昭和六十二年、心ないドライバーの事故に遭ったので、近くの郷土資料館敷地内に移し、現在地にはレプリカを建てている。

その傍らに**「西構口」**がある。宿出入りの木戸である。江戸時代の絵馬や奥村玉蘭の『筑前名所図絵』では、石垣の上に白漆の袖壁を載せ、その上に瓦屋根を葺き、左右に広がっている。昭和四年、福岡県の「史蹟名勝天然

◆永源寺　大永３年(1523)に八幡西区金剛より当地に移り大儀山永源寺と称した。元は金剛寺。
［写真／撮影：1999.12.7］

◆扇天満宮　元は久保崎天神と呼んでいた。鎮座は観応（1350）以前。大正６年より現在地に移る。
［写真／撮影：1999.12.7］

◆東構口跡　現在、残っている西構口と同じ構造で、石積みのうえに瓦葺きの土塀が街道の左右にあった。
［写真／撮影：1999.11.27］

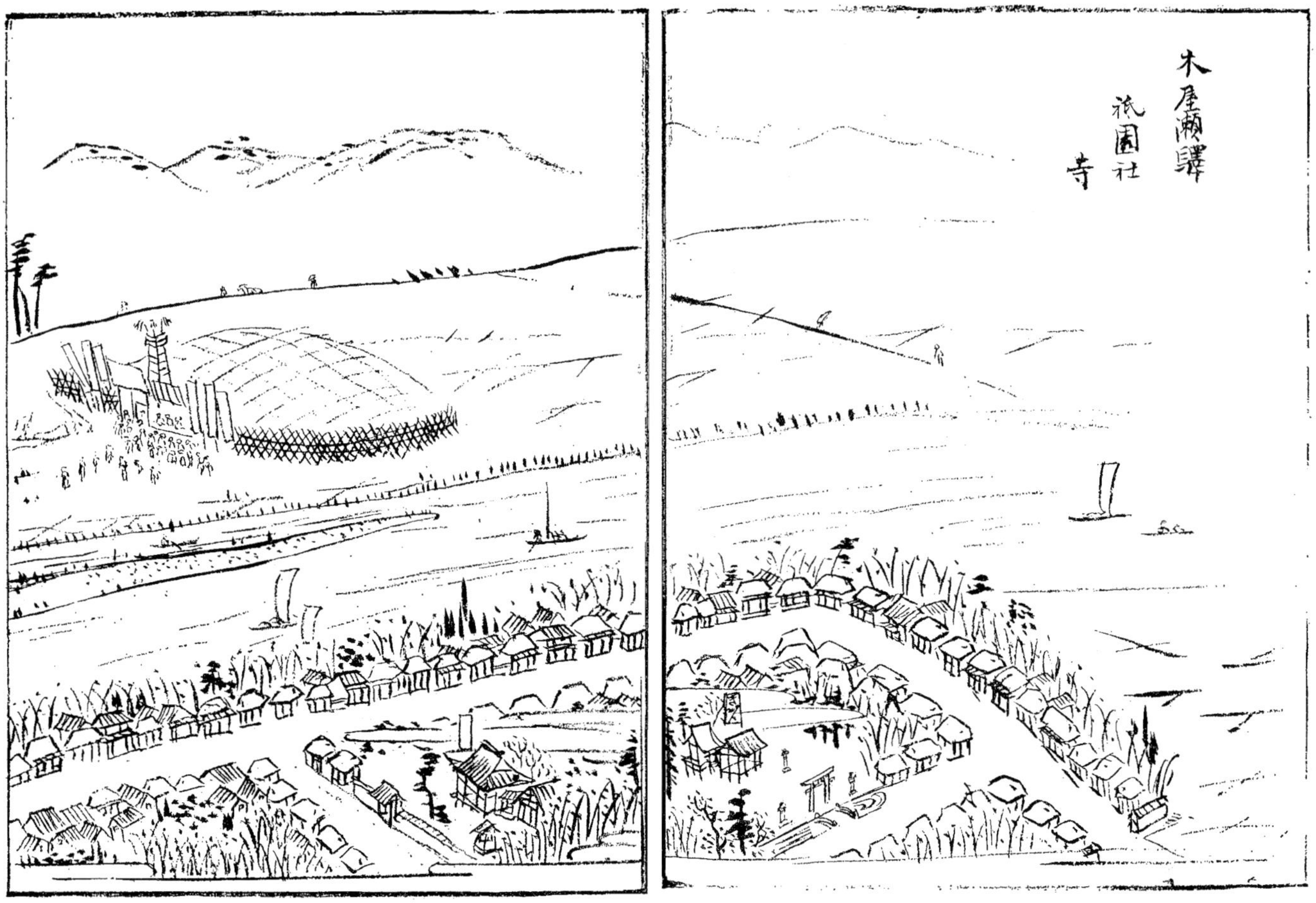

◆ 筑前名所図会／木屋瀬驛　奥村玉蘭筆（福岡市立博物館 所蔵）

記念物調査報告書」で、伊東尾四郎氏が添えている西構口の写真には、入口東側の大石垣四段の上に白壁漆の残りが載っていて想像の糸口となる。東構口(黒崎口)は跡がない。この間、約八六〇メートルが宿駅であった。構口の正確な方位は北東と南であるが、宿では東・西といっている。京に近い方が東ということであろう。大名休宿のときは、両構口（ほかに御茶屋前にも）に大名名を書いた関札を掛けていた。藩で持ち回すので、「筑後中将《三月八日》宿」「松平肥前守休《閏三月廿七日》」と「様」抜きである。この二枚は郷土資料館にある。現在、筑前で残っている構口は、筑紫野市の山家宿と古賀市の青柳宿と当宿の三箇所である。平成九年の北九州市教育委員会で発掘調査がなされ、平成十年三月末、市指定史跡文化財になっている。

その他宿駅の施設としては、人馬継所・御茶屋（本陣）・町茶屋（脇本陣）・代官所・郡屋・制札所があり、筑前六宿の他の五宿同様、宿駅としてのすべての機構を備えている。**「人馬継所」**の問屋場は、街道が、直に曲がる町茶屋の前の野口家であった。西側の遠賀川による再々の洪水から、預かり荷を守るためや、お茶屋に近いため、道幅も他所が五メートルであるのに比べ七・五メートルあり、その上、宿の内で一番高い位置にある。歩いているときは気づかないが、祇園の山笠を曳くとき、このカーブにさしかかると苦しくなり、曲がりきると楽になる。飛脚の継所でもあるので、ここの街道に面した裏手に**「飛脚井戸」**と称する井戸が、今は使われていないながらそのまま残っている。さらに裏手の「雲助部屋」では大名気取りで「薩州の」「土州の」と呼び合い、仏教の極楽浄土のランク分けに倣《なら》って、只の荷物持ちの「下品《げぼん》」から、駕籠かきの「中品《ちゅうぼん》」、大名行列の長持かつぎの「上品《じょうぼん》」、そして部屋に居て顎で皆を使う「上品上生《じょうしょう》」などと言い合っていたという。そしてその資格の条件が、一番目に荷

◆妙雲寺　寛分12年(1672) 2世日近(にちごん)が堂守建立。元は鞍手郡の禅寺。[写真／撮影：2000.10.3]

◆西元寺　天正10年(1582) 浄流が本山より本尊を賜り浄土真宗寺を開く。[写真／撮影：1999.12.7]

◆長徳寺　安元元年(1175)頃は天台宗。のちに鎮西上人の寄寓の縁で嘉禎元年(1235)浄土宗となる。[写真／撮影：2000.2.18]

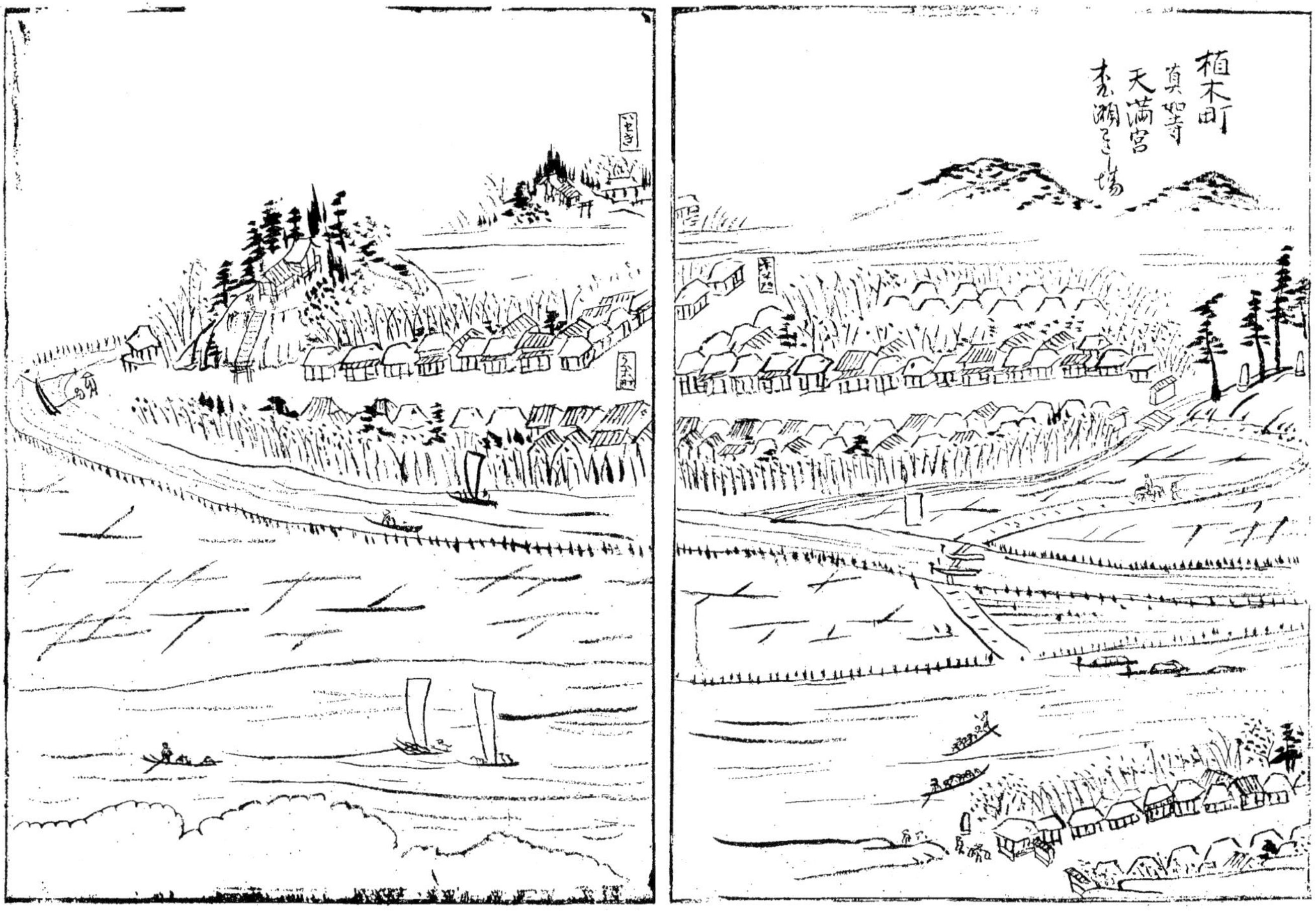

◆ 筑前名所図会／植木町　奥村玉蘭筆（福岡市立博物館 所蔵）

造りが上手。二番目に長持唄が上手であったともいわれている。**「制札所」**はこの問屋場前であったらしい。

東の方でいう「本陣」は、名主等の邸宅を大名等に開放することをいうが、備後以西は、その領主が他藩大名の休宿にも当てていた別邸（休み所）であるので通常は**「御茶屋」**といい、ただ、大名等休宿のときには「御本陣」と言うようにとの触であった。木屋瀬の場合、常連としては、長崎奉行と九州西南の十五大名と日田郡代であった。従って東の「脇本陣」という補助的宿舎も、此方では**「町茶屋」**と言い、民間人が自分の屋敷を藩に提供してのケースが多く、自宅は町茶屋に隣接させて町茶屋を預かる形で、木屋瀬の場合は長崎屋（中村家）と、平成十年の現地発掘調査の結果、その位置・規模がはっきりした薩摩屋（石橋家）との二軒である。そして今の旅行社推薦宿に相当する浪花講宿は、御茶屋に隣接の薩摩屋であった。

福岡藩御抱宮大工林家の文書では、色々な内訳があるが、総建坪数は、御茶屋が百五拾七坪、薩摩屋が六拾四坪六合で、長崎屋が九拾弐坪七合五勺である。なお町茶屋常連は、御料代官を始め、御陸目附・支配勘定・日田本〆・長崎町年寄・阿蘭陀人と附添役人・御状箱・公用銀・御用鳥獣などである。

主に年貢米の取扱いと、御茶屋の管理との責任者である代官と下役の下代とが執務する**「代官所」**は新町にあった。今も跡を示す石垣が道路整備のため段々と埋まっているが残っており、今も「代官小路《しょうじ》」と地元では言う。

ちょうど御茶屋の正面に**「郡屋(家)」**があった。筑前藩でいつごろからかは不明だが。元文二年（一七三七）年ころから記録は見える。「諸役会聚する宅を設く、郡屋(家)と称し、其郡屋守《もり》壱人を置く」とあって、木屋瀬でも延享元年（一七四四）「郡屋立替え」のほか、「郡屋守

◆西構口跡
現在は石組みだけを残しているが、江戸時代の絵馬には白壁の土塀と瓦葺きの様子が描かれている。福岡県内で他に構口が見られるのは、山家宿と唐津街道の青柳宿だけである。［写真上／撮影：2000.10.3］

◆追分道標
長崎街道と唐津街道の赤間道の分岐点を示す道標である。表には「従是右赤間道、左飯塚道」裏には「元文三年建」(1738) と刻まれている。［写真右／撮影：2000.8.9］

◆長崎街道と唐津街道の赤間道の分岐点の様子
画面の右上から、長崎街道の西構口を通り、複製の追分道標の所で右に曲がり、画面左上に進むと興玉神社がある。さらに国道を横切り『筑前名所図会』にも見られる遠賀川の渡し場に出る。左に真直ぐは長崎街道で直方・飯塚方面に向かう。
［写真上／撮影：2000.10.3］

◆**興玉神社**　正徳５年（1715）創建。祭神は猿田彦神。[写真上／撮影：1999.12.7]

◆**渡し場付近の風景**　興玉神社の前の河原から直方方面を望む。[写真上／撮影：2000.4.7]
◆**興玉神社と赤間道**　鳥居の脇の道を下ると追分道標へ向かう。[写真右／撮影：1999.12.7]

◆遠賀川の渡し場付近
興玉神社の下の河原から、赤間に通ずる植木への渡し場付近を望む。
［写真／撮影：1999.12.7］

不埒の儀あり」「守の交代」など記録は多い。大名通行の人馬割当・年貢の調整・普請の打合せなど、宿内の重要事項の検討などを、大庄屋以下触下役人が会合する所で、藩内二七宿と郡代役所五箇所にはあった。そして郡屋裏手には、鞍手郡一帯の犯罪者を入れる**「郡牢」**があり、処罰後の**「晒場」**が西構口の外、遠賀川の河川敷にあった。また、御茶屋宿泊のとき、宿内の火災に備えての**「御立退所道」**も「御本陣預り石橋甚三郎、弘化四年（一八四七）末四月十一日」署名の文書が、本町高野家にある。御本陣裏の土手から南下して西構口の外を通り、現在、直方市である感田村村庄屋松尾家が**「御立退所」**であった。木屋瀬宿では文政六年（一八二三）・文政十三年・安政六年（一八五九）などに火事を出している。

宿場の西には大河遠賀川がある。正保（一六四四頃）の藩測量川幅は五十間（九〇メートル）だが、文化十年（一八一三）伊能忠敬隊では一丁十五間（一三六メートル）とあり、初代長政以来、再々の普請にかかわらず洪水の被害に見舞われている。享保五年・十一年・文政十一年・天保十一年・弘化四年・嘉永三年・安政元年・安政六年に洪水の記録がある。

遠賀川畔には、赤間に通ずる植木への**渡し場**が興玉社の下にあり、普通の渡し賃は一人六文・馬三〇文で、洪水時には人二四文・馬四〇文であった。渡守は普通時一人だが、大名渡船のときは、上表のとおり加勢が出る。

もう一箇所、下川端（大銀杏下）には、米や荷物の船着場がある。主に貢米輸送の川艜《ひらた》の基地であるので**「米場（本場）」**という。ここの艜は株であり、木屋瀬は二四艘を持っていた。この二四艘以外の船は貢米輸送はできなかった。明和七年（一七七〇）には鞍手郡一四箇村、藩政末期には二一箇村が「木屋瀬村舟場積村」であった。ここに集められた年貢米は、芦屋（後、若松積立所）に運ばれた。五里、運賃は一俵につき八合二勺である。

米場艜のほかに運炭艜もあった。古くから所々に石炭の露頭を見ることができ、採炭が行われた。筑前藩では石炭を「焚石《たきいし》」と呼び、石炭を焼いたガラ(殼)を「石炭《いしずみ》」といった。ケンペルは「石炭を焚くので木屋瀬の人々は黒く汚れている」といい、シーボルトは石炭と殼に注目している。また、司馬江漢は石炭の風呂に入っているし、享保の象は、寒い木屋瀬で石炭の暖をとっている。

米場の艜も貢米収納期以外は石炭を積むので、石炭専用の石炭艜は少なく、藩政末期でも四艘で、明治に入っての二十一年ころには、所属一三〇艘に所有者六九人を数えている。

施設の最も遅くできたのは**「関番所」**である。筑前藩では当初、他領と境をなす黒崎・原田《はるだ》・前原《まえばる》の三箇所に置いていたが、幕末の不安な政情に対応して、元治《げんじ》元年（一八六四）関番所五箇所（木屋瀬・山家・大隈・小石原・杷木）を増設、しかし、わずか五年位の存在である。

「木屋瀬の構口には門があり、明六ツ暮六ツに扉を開閉し、門の内側に番屋があって旅人の手形を改めていた」という説もあるが、門の礎石はなく、一応の改めをする番屋が、西構口の外、興玉社の下の渡し場への途中にあった。

［安政元年出夫人数］

一月	四八人	閏七月	六四人
二月	七五人	八月	三二人
三月	七二人	九月	四八人
四月	一二〇人	十月	三六人
五月	三二人	十一月	七二人
六月	八〇人	十二月	八四人
七月	一一二人	合計	八七五人

四、木屋瀬宿の地役人

一、**下代**

代官の下役で六宿とも三人から五人。元文二年（一七三七）五人・寛延三年（一七五〇）四人・宝暦元年（一七五一）三人の記録がある。木屋瀬三人は高倉・関・占部家で、毎日一人ずつの交代が普通。

二、**御茶屋守**《ちゃやのもり》

御茶屋の管理責任者は代官であるが、大名など休宿者の接待は、町茶屋主人二人が「御茶屋守」の任命を受けて交代で当たった。（※木屋瀬宿では「茶屋守」のことを「茶屋守《ちゃやのかみ》(頭)」といいならわしている）

三、**町茶屋守**

前述のように、町茶屋主人は町茶屋守の任命を受け「町茶屋預り」をする。例えば記録にある「甚三郎預り」は薩摩屋の石橋甚三郎であり、「源六預り」は長崎屋の中村源六である。明治四年（一八七一）郵便制度の発足当初、役所は町茶屋で、取扱いは町茶屋守が当たっていた。

四、宿方三役

イ）**宿**《しゅく》**庄屋**

宿内の商家・旅籠《はたご》を統轄し、宿内の行政に関する願書や、宿泊人数、人馬賃銭建前通りなどの報告を郡役所(底井野)に提出する役職である。文化年間（一八一〇頃）の記録では、源六・甚三郎の名が見えるので、前述の町茶屋守が兼務担当していた時期があったと思われる。

ロ）**問屋**

二人・三人が交代で二箇所・三箇所で執務していた宿場もあるが、木屋瀬は一人一箇所であった。下役には**問屋助役**、その下の**帳付**《づけ》(書記)・**人馬指**《さし》（荷を人馬に振り分ける役）がいた。

ハ）**（町）年寄**

二人から五人だが、十人の宿もある。宿（町）政全般について、庄屋や問屋を補佐する役である。筑前藩の村(宿)方諸役順位の九位にある。記録では文政八年（一八二五）絞蝋《こうろう》業柏屋本家（刄《かねしめ》）七代目の高崎四郎八義辰は三十三歳でなっている。また、八所神社の式日燈にも、同じ刄九代目新右衛門義昭と、船庄屋梅本彌七郎安連が寄贈した彫込みに役が見える。

五、村方役

イ）**大庄屋**

小早川隆景が筑前十五郡とその他四郡を領したときに置いたのが最初で、黒田入部後も継承した。当初は戦国時代からの土豪・富豪の子孫が多かったが、後には人物本位で庄屋の中から選んでいた。任期は長くて四～五代、一代も少なくない。人数は遠賀郡で三人から五人、鞍手郡は四人、嘉麻・穂波各郡とも一人から二人。年齢は文化九年（一八一二）で藩内三十九名中最年少三十歳、最年長七十歳、平均三十七歳であった。役職は触下の村庄屋を統轄し、郡役所と庄屋の間を持つものである。世襲ではないので、代わるたびに触の名は変わる。名字帯刀の免も、文化九年三十九名中四人。安永二年（一七七三）と文化九年に、木屋瀬は十七箇村の触口となっている。

ロ）**大庄屋格**

村政に携わり、藩への寄付、村民への救済等で功ありと認められた者が貰う。木屋瀬宿で記録にあるのは、刄七代目高崎四郎八義辰・刄九代目高崎新右衛門義昭・匡三代目高崎勘十郎惟篤・松尾徳三郎である。

ハ）**船庄屋**

前述米場と川艜の管理責任者である。遠賀川船積場としては天明七年（一七八七）、直方・植木・芦屋・山鹿・木屋瀬に船庄屋がいて、木屋瀬は株を持つ二十四艘が年貢米を芦屋（若松）に輸送していた。記録では、中村弥平次・梅本彌七郎・松尾徳三郎などが見える。

ニ）村方三役

（1、**村庄屋**）

大庄屋の推薦で郡《こおり》奉行が任命する。世襲が原則であるが、支障あるときは他の適任者を任命する。適任者なきときは他村の者を任命し、これを入（雇）庄屋といい、一時寄留もあるし、定住もある。業務は主に年貢徴収一切の監督である。日常は郡屋に出仕し、触状通達、村民の要望を進達するが、事件・違反が出ると処罰されたりもする。木屋瀬での苦心は、年貢米上納・遠賀川堤防修理・大名の宿継ぎが一番だという。この役も藩財政一助の献金や非常備蓄米醸出・貧民救済等で苗字帯刀免もあった。

（2、**組頭**）

古くは「頭百姓」といい、庄屋の指揮を受け庄屋を補佐する。世襲でなく百姓中から筆算に長じ人品高き者が任命される任命制であり、その際大庄屋の奥書を必要とした。主な職務は、百姓に親切にし、庄屋の達しを通知し、普請の夫役、年貢の遅滞に注意していた。人数は村の大小により二人から六人であった。

（3、**組頭取**）

村の最小単位である五人組の責任者で、職務は組頭と同じである。

（4、その他）

年番・散使・山の口などあるが、木屋瀬には記録がないので除く。

◆問屋場跡の風景
人馬継ぎや荷物・飛脚を取扱う所である。問屋の前は広場になっていたので道路の幅も他が5メートル程であったのに対して7.5メートルと広く造られていた。鋸の歯状の矢止めの街並みは、屋根の並びでもよく確認できる。画面より街道は、右上に見える突き当りを左に曲がって、左上に見える道に進んで西構口に向かう。
［写真上／撮影：2000.8.9］

◆矢止めの家並み
街道沿いの入口のギザギザの様子が良く分かる。［写真下右／撮影：2000.10.3］

◆須賀神社
永享年間（1429〜1441）に勧請され、寛永2年（1625）豪商伊藤宗白が再建したといわれる。
［写真下中／撮影：1999.12.7］

◆本陣門
本陣門は、永源寺正面に明治3年に移され、大正12年に現在の横門として移設された。［写真下左／撮影：1999.12.7］

五、木屋瀬宿の町並みと民俗

前述したように、世情不安定な時代からの宿成立であるので、かなり外敵を意識しての町並み形成がなされている。

一、本街道以外の路をつくらない。

二、宿内街道の二箇所を外敵防御のため曲げている。

三、西の遠賀川河川敷からは竹藪、東からは岡森用水路があるため、自由に入れず、宿内に出入りできるのは東西構口からだけである。

四、本道から出ている脇道は、きまって社寺で袋小路となっている。

五、家屋は街道に面して垂直でなく、やや斜めに建てられ、そのため三角州ができて鋸の歯状になっている。建物で敵の矢から身を隠し、油断して目前に来た時攻撃できるようになっている。正式には**「矢止め」**といい、現在でもかなり残っている。

『木屋瀬風土記』(寛政二年＝一七九〇)による天明七年(一七八七)、**戸数**は本通三〇〇、横町一〇〇の計四〇〇戸。**人口**は男六七八、女六一二の計一二九〇人とあり、嘉永元年(一八四八)の『木屋瀬明細帳』での**職**は、医

◆木屋瀬宿之図
「木屋瀬宿之図」の絵馬は、天保７年（1836）木屋瀬改盛町に生まれた麻生東谷の15歳頃の作品。
［写真上／撮影：2000.8.9］

◆愛宕山護国院
明応２年（1493）源水が八幡西区香月の聖福寺の末寺として創建。麻生東谷の「木屋瀬宿之図」の絵馬はここに奉納され、現在は新史料館で保管されている。また大正７年に模写された絵馬は、須賀神社に奉納されている。
［写真下／撮影：1999.12.7］

◆木屋瀬盆踊り
昭和37年に福岡県指定無形民俗文化財になった。地元では宿場踊りと称している。毎年８月13日から15日まで初盆の家を中心に踊られている。また平成５年から毎年11月３日に開催される「筑前木屋瀬宿場まつり」で踊られている。［写真提供：フクオカスタイル編集部／撮影：四宮佑次］

師二、出家八、桶屋四、大工一五、鍛冶四、船頭五〇、駅馬一九、牛二〇、旅籠二五、商人一六三となっている。**間口**を三間半に統一したのも税対策で、広狭は関係しないので、必然的に京都のように鰻の寝床式に奥の深い家が多い。

民俗面では、享保年間（一七一六〜）、伊勢参りで習い帰った伊勢音頭に、大名行列の供奴の仕草や掛け声を入れてつくった**盆踊り**が、昭和三十七年に県指定無形文化財になった。今では「宿場踊り」ともいって踊られている。

また、五月の扇天満宮祭・七月の祇園祭・八月の盆踊り・九月の庚申祭・十二月の恵比須祭・一月のどんど焼・その他、還暦・古稀・喜寿の祝いなど、江戸時代から続いている行事が多くある。

特に珍しいのは十二月上旬の「**子供えびす**」である。江戸時代、地域の若衆の仲間入りの儀式として始めたもので、昔は数えの十一歳、今は小学校四年生の男の子を「頭《かしら》」と呼び、いわば成人としての祝いを町中で二日間行う。笹山《やま》笠を曳き回したり、神社社宝の獅子頭・旗・指物などを奉持した神輿《みこし》の行列が、「とまれ、とまれ、旅の客……」と唄いながら供物やお賽銭を頂いて巡行する。一生一度の祝事であり、大人になっても忘れられない故郷の思い出として残るものである。

木屋瀬宿の状態は嘉永年間（一八五二頃の説）、当宿画家麻生東谷が絵馬として描き、護国院に奉納した「**木屋瀬宿之図**」によく示されているが。時代も経て若干見え難くなっている。しかし、幸いなことに大正七年に模写されていた絵馬が須賀神社に奉納されていて、江戸期を偲ぶよすがとなっているのは喜ばしい限りである。

この東谷の絵馬が、平成十二年三月三十日に「市有形民俗文化財」の指定を受け、資料館に展示されることになったのは重ねて地元の喜びである。

［みずかみひろし］

◆島原藩士柴田丹兵衛の墓［写真／撮影：2000.2.18］

◆阿高宮［写真／撮影：2000.2.18］

Chapter 6

長崎街道シリーズ
大里・小倉と筑前六宿
Noogata・Kotake

直方・小竹

文責◆牛嶋 英俊［地域史研究家］
Ushijima Eishun

飯塚・木屋瀬将棋のおもて

峠や丘陵の多い六宿街道だが、木屋瀬《こやのせ》宿から飯塚宿にかけては遠賀川沿いの沖積平野が続く。当時の馬子唄にも「いいづか　こやのせ　将棋のおもて　駒を進めて黒崎へ」とある。将棋盤にたとえられた平坦な街道に、旅人の心も安らいだことだろう。天明八年（一七八八）にここを通った司馬江漢は、「この間鶴多し。雁のごとく幾群れも飛び、（中略）路々ハゼの木植えて、紅葉して錦のごとし」（『西遊日記』）と、道中の情景を画家らしい筆致で書き残している。また、遠賀川の流れは緩やかで水運に適しており、川船で旅する人も多かった。

木屋瀬・飯塚宿の間には、直方《のおがた》（現直方市）と小竹（現小竹町）という二つの町場があった。これは両宿の間が四里十八町あり、木屋瀬・黒崎間の三里、内野・飯塚間の三里九町にくらべて距離が長いためでもある。

直方町は、福岡藩の支藩東蓮寺藩四万石の城下町として成立したが、のち本藩に還付されて廃藩となると、長崎街道は町を通過するようにつけ替えられた。以後、直方町は城下町から街道の町場に転換した。いっぽう小竹の町は、当初から「間《あい》の宿《しゅく》」として中継地の役をはたしていた。間の宿とは、人馬継立てや飲食の提供のみをおこない、宿泊はない町場をいう。当初、木屋瀬からの街道は対岸に直方城下町をのぞみながら南下、下境村店屋の渡しで彦山川を渡河し、さらに小竹町の南で同名の南良津村店屋の渡しで遠賀川を渡っていた。

感田、柴田丹兵衛の墓

木屋瀬の南に接するのが直方市感田《がんだ》地区である。北九州市のベッドタウンとして急速に宅地化したが、もとは「感田三千石」とよばれる豊かな農村だった。点在する沼沢地には水鳥が多く、「雁田」が地名の起こりという。旧街道沿い、通称「宿《やど》の口《くち》」に「丹兵衛墓」がある。参勤交代のおり、増水した川の瀬踏みをしていて流され、溺死した島原藩士柴田丹兵衛の墓と伝える。丹兵衛は身分の低い陸士《かち》だったが、墓石の戒名は「妙徳院大道勇信浄士」と、分不相応に立派なものだ。古くから子供の夜泣きに霊験があるとされ、ひな型の鑓《やり》や刀を奉納する。鎮守の王子神社の「感田十二景絵馬」には「宿の口霊塚」として

　行く春や柴田丹兵衛の剣太刀

の句がある。

最近になって、島原側にも丹兵衛の記録があることが判明し、伝承が裏づけられた。藩の記録『深溝世紀《ふこうずせいき》』の享保十八年（一七三三）五月朔日のくだりに丹兵衛の遭難記事があり、藩主は丹兵衛を悼んで父と幼女に終世一人扶持八年間約一・八石を給付し、軽輩であった弟を侍身分に抜擢したとある。また、同書には興味ふかい後日談がある。

当初、丹兵衛の墓に焼き餅を供えると、病に霊験があったという。これを聞いた丹兵衛の僚友が墓に詣で、「武士たるものが焼き餅で病を治すとは何事か。どうして弓矢にしないのか」と告げた。以来、焼き餅を供える者は治らず、弓矢を供えると病が治るようになったという。真偽のほどは不明だが、同書は「聞くところを記す」と結んでいる。

さらに後日談。平成二年、この故事が縁で、島原の普賢岳噴火の時には、地元感田小学校の児童が島原市の小学校へ励ましのエールを送り、以後、両校の間で交流がおこなわれた。地下の丹兵衛、もって冥すべしと言うべきか。

城下町・直方

遠賀川を渡れば直方の市街地である。街道の渡船場は現在の日の出橋のやや上流、イチョウの大木の付近にあった。直方の町は元和九年（一六二三）に福岡藩の支藩東蓮寺藩四万石の城下町として成立した。初代藩主は長政の第四子高政である。のち延宝三年（一六七五）に直方藩と改め、五万石となった。同五年、三代藩主長寛のとき、本藩の黒田光之は長男の綱之を廃嫡して長寛を嫡子としたため、東蓮寺藩は一時廃藩となった。ただし、藩領の支配は家老の明石助九郎らによって従来通りに行われた。その後、元禄元年（一六八八）に長寛の弟長清が藩主として直方藩が復活、この時五万石となった。直方の由来は寺の名を忌んで中国の易経からとったといい、あるいは付近の地名「能方」をとったともいうが、はっきりしない。私見だが、このあたりは縄文時代晩期まで「古遠賀潟」というべき浅い入り海であったから、「ノオガタ」の「ガタ」は「潟」の意ではなかろうか。「ムナカタ」「ハカタ」の地名は、いずれも海岸の地形に由来するものだ。

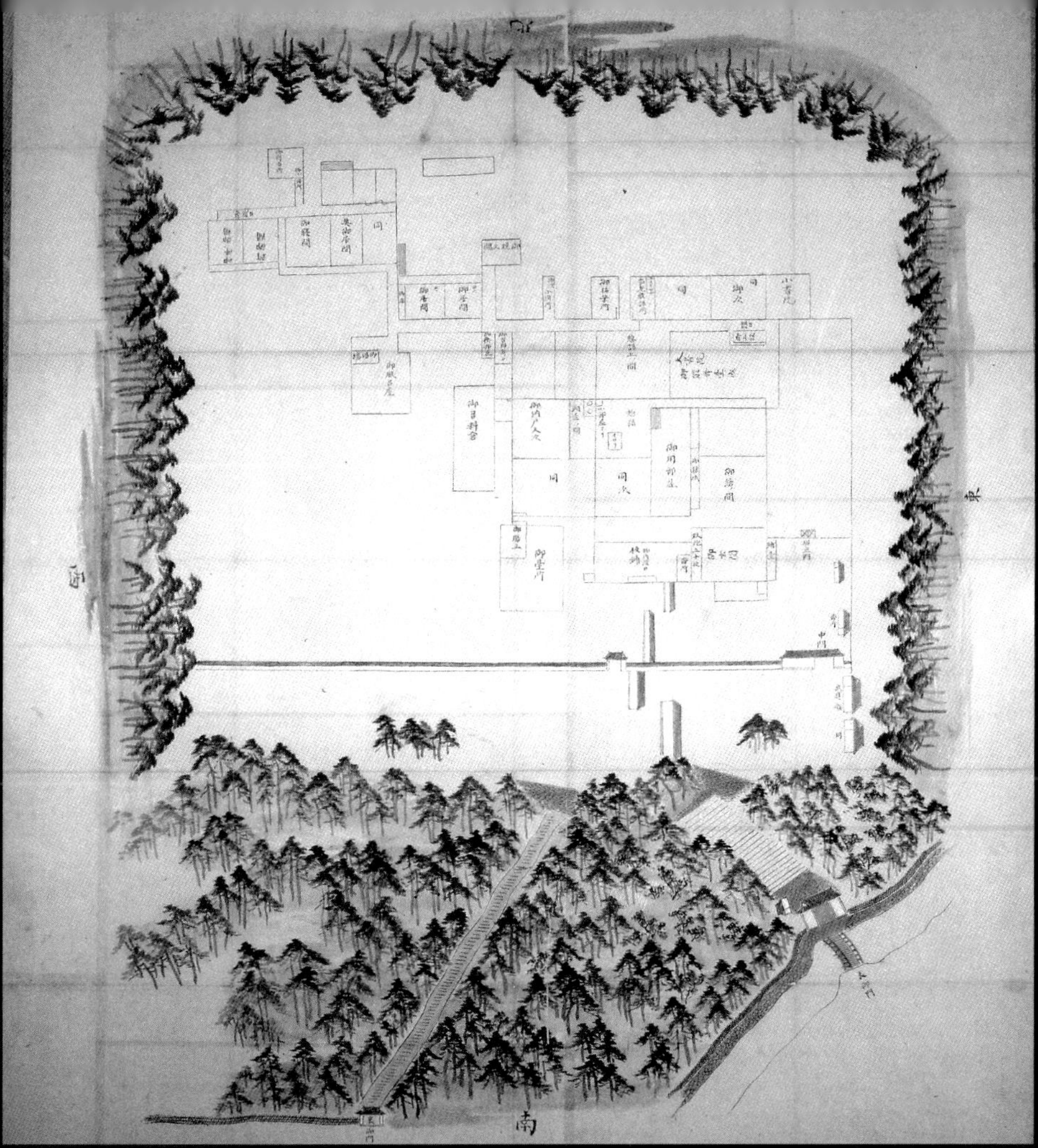

◆直方御館御絵図（直方市教育委員会 所蔵）［撮影：牛嶋英俊］

東蓮寺藩主の居館と城下町は、はじめ遠賀川東部の鷹取山西麓が候補地であった。同地には慶長年間に鷹取城の山下町《さんげちょう》が形成されており、ここに居住するようにとの長政の遺命だった。しかし家臣の井上周防・吉田壱岐は鞍手郡内に適地をもとめ、遠賀川の本流に面した東蓮寺村を選んだ。その理由としては、領地のほぼ中央にあること、四万石の城下町としてじゅうぶんな広さがあること、三河川の合流点にあり、長崎・赤間街道の分岐点に近い交通の要衝であることがあげられる。また現地が低湿地と氾濫源のひろがる生産性の低い土地であったことを指摘できる。とくに最後の理由は、城下町建設による農地減少を押さえるのに必要な要件だったと思われる。

藩主高政の館は寛永三年（一六二六）に完成した。場所は現在の殿町、真言宗双林院のあるところと伝える。現地は周辺より二メートルほど小高く、周囲には「J」字形に水濠の跡がめぐる。濠内に盛り土はないようだから、西側からのびた低い丘陵の付け根を切断し、島状に造成したものらしい。高政居館は、在地の土豪尾仲氏を退去させた跡地に築いたという（直方旧考）。また、双林院だけでは四万石の藩主居館としてはいかにも手狭に思われる。そこで、水濠が双林院の南にまで延びることや、五万石時代の居館が五十三間半四方であることを勘案すれば、双林院とその南、のちの「御永蔵」をふくめたほぼ四十間四方が居館と推定される。

馬廻り以下の家臣団の屋敷は居館の周囲に配置された。殿町の名の起こりである。北側には長さ二一〇間の町家を配し、店数一一〇軒、間口の平均が四間あった。家作の用材は藩が無償で提供したというから、今日の企業誘致のさきがけといえる。町家は寛永三年（一六二六）に完成した。

その後、元禄五年（一六九二）、四代藩主長清が五万石に加増された時に、居館と城下町は大規模に拡張整備された。藩主の館は西の丘上に移り、直方新館[*1]または御館《おたて》とよばれた。場所は今の御館山《おたてやま》、体育館の西側にあたる。それまで同地にあった妙見宮は館の北に移され、町の鎮守の多賀神社となった。御館山の周囲には川水を引いて幅三間の水濠となし、南に開く表裏の二門を設けた。天守や櫓のない御殿づくりだったが、要所には塗籠めの長屋、築地塀を設けた。

町域の拡張には南の丘陵を開削し、通路を確保して御館山の南裾に武家屋敷を作った。今日の門前町である。

その東側には新たな町家を作って「新町」とし、従来の町家を「古町」と呼びわけた。新町は長さ約三五〇間、店数は古町とおなじ一一〇軒だが、平均間口は五・七間と広くなった。このときの用材も藩が無償で提供した。丘陵の開削と新町の建設は平行して勧められ、掘りくずした土砂で新町の堤防を築いたようだ。新町に鎮座する「切貫の祇園神社」の高台は、このときの残丘である。

元禄期の城下町のようすは、『直方御惣郭御絵図』(通称『直方惣郭図』)に見ることができる。町は南北にひょうたん形に広がり、くびれにあたる部分に居館が位置する。町並の周囲、とくに遠賀川に沿っては巨大な堤防が築かれ、沖積平野の城下町がつねに洪水と隣りあわせにあったことを示している。

居館西側の丘陵には、北から西徳寺・雲心寺・随専寺がならぶ。旧地形を復元すると、谷をはさんで尾根の先端の要害に立地しているのがわかる。当時、瓦葺きで築地塀をもつ寺院は堅牢な耐火建築であり、多人数が宿泊飲食できる施設でもあった。

◆直方御惣郭御絵図（直方市教育委員会 所蔵）［撮影：牛嶋英俊］

これは合戦の時に格好の軍事拠点となりうる。南続きには鉄砲方である側筒衆《そばつつしゅう》が居住した側筒谷があった。寺院群と考えあわせると、この一帯が城下町の西の防衛線であるのがわかる。

ちなみに、雲心寺には藩主高政（雲心院殿）と、殉死した家臣たちの墓がある。没後三百五十年にあたる平成元年には盛大な遠忌がおこなわれ、家臣の子孫も参列した。準菩提寺である西徳寺の山門は、御館の門を移築したものと伝える。切妻造りの本瓦葺き、潜り戸がつく薬医門である。傷みがひどかったが、近年修理された。軒瓦などに黒田家の家紋「藤巴」が見られる（直方市指定文化財）。門をくぐると右手に鐘楼がある。もとは山門と同様、御館から移築した建物というが、現存しない。梵鐘は明治時代に購入されたものだが、貝原信篤による銘文があり、もとは福岡城の時鐘であった旨が刻まれている。（県指定文化財）

城下町の出入り口は五箇所あり、それぞれに門と番所があった。境口・頓野口は嘉麻川（現遠賀川）の渡し場に面しており、

◆**双林院**　初代東蓮寺藩主の黒田高政の居館は、現在の殿町のこの場所にあった。
［写真／撮影：2000.2.18］

◆**尾崎口周辺**　人が通行している右側の細い道が街道である。画面の手前に現在、案内板がある。
［写真／撮影：2000.2.18］

◆**すざき通り**　植木宿につながる番所がこの辺りにあって城下町への出入りを取り締まっていた。
［写真／撮影：2000.5.28］

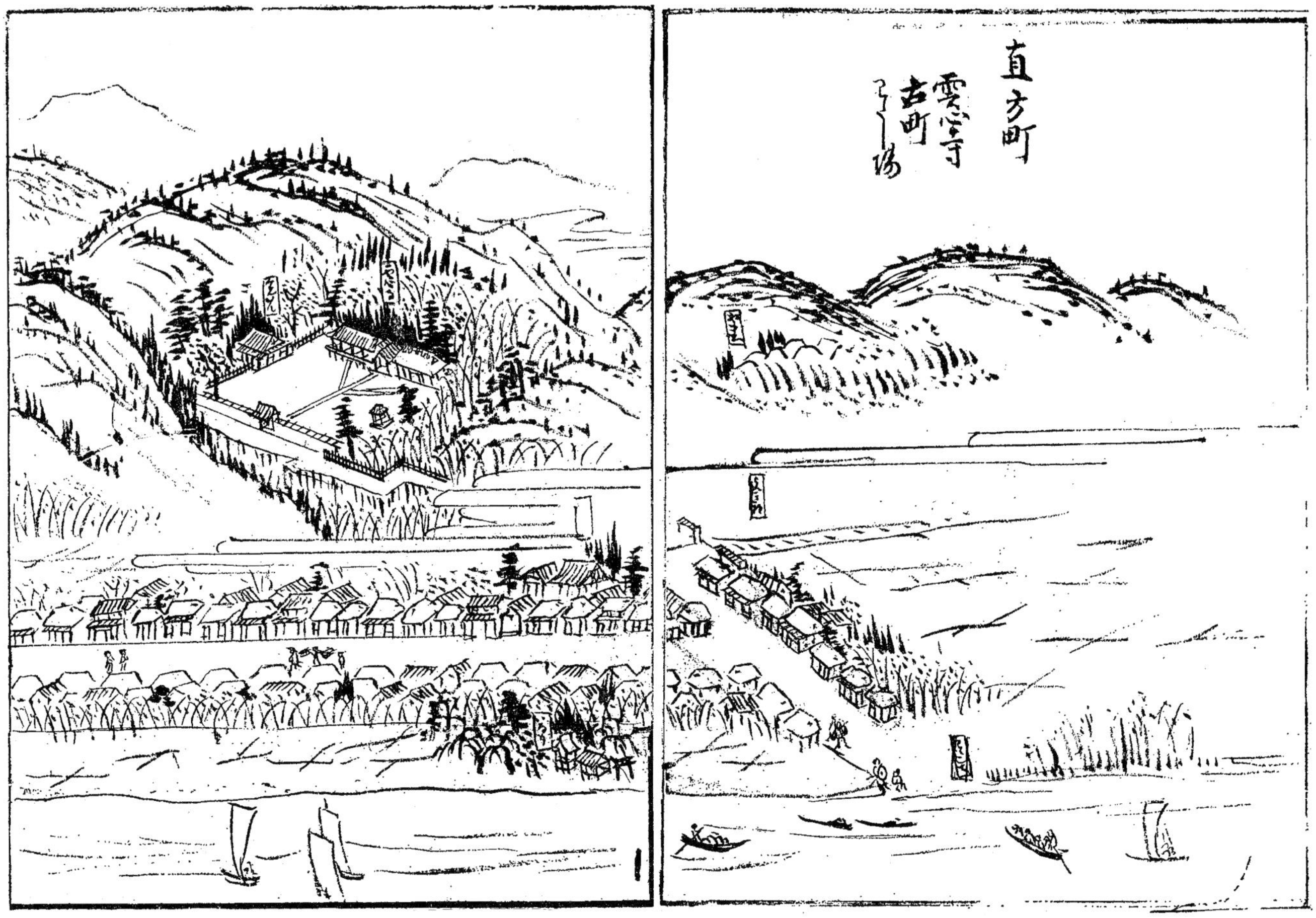

◆ **筑前名所図会／直方町**　奥村玉蘭筆（福岡市立博物館 所蔵）

位置はおのおの今日の勘六橋・日の出橋付近である。陸路は西に龍徳村へつづく龍徳口、北に植木の町で赤間街道につながる植木口、南にはのちに長崎街道筋となる尾崎口があった。尾崎口御門は左右に大規模な堤防があり、城郭の外枡形のように延びた土塁がこれを守っている。城下町の最上流に位置するため、洪水にそなえた構造でもある。

四代藩主長清は、兄である本藩の綱政を補佐し、その子宣政の長崎勤番を代勤する多忙のなかで、能狂言、和歌にも通じた風流人だった。能はみずからも演じるほどの技量で、直方新館の落成や長子菊千代の誕生には、家臣をはじめ庄屋以下百姓町人までを招いて能興行がおこなわれた。城下の文運も興隆し、俳諧の有井浮風とその妻なみ（後の諸九尼）はとくに名高い。

長清は享保五年（一七二〇）に没したが、その子菊千代は福岡藩主宣政の嗣子となっており、直方藩は本藩に還付された。家臣団も福岡に退去し、町は存亡の危機に瀕した。この時、町年寄の庄野仁右衛門は、振興策として往還の付け替えを藩に願い出た。それまで直方・小竹間には川に突き出た通称岩鼻の岩山が通行を妨げていたが、仁右衛門らは難工事のすえにこれを開削、長崎街道を町中に引き入れた。元文元年（一七三六）のことである。以後、直方の町は街道の町場として発展する。

長崎街道時代の直方町

この時代の直方町のようすは、奥村玉蘭著『筑前名所《ちくぜんめいしょ》図会《ずえ》』の挿図で見ることができる。同書の挿図は地誌の記述を補完・説明するという目的が明確であり、描かれたものの細部にまで情報伝達の意図がある。図は東からの俯瞰図である。右手前に頓野口渡しがあ

◆**多賀神社**　もとは体育館の西側にあり、妙見宮といったが、現在地に移され多賀神社となった。
［写真／撮影：2000.5.28］

◆**多賀神社前の殿町の通り**　右側の飯塚からの道は絵図にある鳥居の前で直角に曲がり殿町を通る。
［写真／撮影：2000.5.28］

◆**旧福岡城の時鐘**　現在は西徳寺境内に保管されている。
［写真／撮影：2000.2.18］

其二　多賀神社

◆ **筑前名所図会／其二 多賀神社**　奥村玉蘭筆（福岡市立博物館 所蔵）

る。渡し船が今着こうとし、船待ちの旅人も見える。川面には人や貨物を積んだ帆船や櫓舟が往来し、さかんな水上交通がうかがえる。町へ進むと、右手に町の北口がある。城下町時代の植木口にあたる。左右に一対の築地塀があり、構え口を構成している。築地塀による構え口は、筑前の宿駅および宿駅的な町に限って設けられた出入り口の施設であり、直方町ではもう一箇所、古町の南端にもある。植木口の正面には円徳寺がある。同寺は城下町の建設にともなって植木から移されたもので、町の入口をおさえる要害となっている。図の中央が古町である。瓦葺きの商家もあり、荷をかついだ通行人も見える。南の構え口を出るといったん町並みは途切れる。右折すれば正面の丘上に多賀神社が、その奥に見える木のすくない山頂は、御館の跡と思われる。山下には高政居館跡の双林院があり、隣接するのは多賀神社の神官宅である。殿町の部分は省略されている。

　山裾には、岩盤が露出した切抜きがある。馬子が人を乗せた馬を曳き、この道が往還であることを示している。左端は新町の北口である。

　このように図を見てくると、以下のことがらが読みとれる。すなわち、直方町の中心は古町界隈であり、町のおもな出入口は北と南、および渡し場の三箇所である。北と南には築地塀の構え口があり、当時ここが宿駅的な町場であったことがわかる。侍町あとの殿町が省略されているのは、当時この一帯に町並がなかったためである。新町の北口に構え口はなく、古町とは性格がことなる町場であったらしい。

　これらを文献と照合すると、町の様子はより具体的になる。文化二年（一八〇五）十月、長崎から江戸にむかった大田南畝（蜀山人）は、十五日に多賀神社の祭礼に遭遇している。このときの情景は『小春紀行』にくわし

藩主館のお堀跡　鉄道線路から西側の旧水路を見る。［写真上／撮影：牛嶋英俊］

◆ふるまち通り　街道は遠賀川を渡河し、頓野口跡を経て、この位置で左に折れる。［写真上／撮影：2000.5.28］

◆ふるまち通り
直方古町界隈の通りは、ほとんど長崎街道上にある。アーケード街として現在も多くの人出で賑わっている。［写真上／撮影：2000.5.28］

◆南良津唐戸［写真上／撮影：2000.8.6］

◆岩鼻の切通しの周辺の風景
川に突き出た通称岩鼻の岩盤を開削することによって、長崎街道が直方を通過できるようになった。街道は画面の右から踏切を渡り、左に進む。［写真上／撮影：2000.8.6］

◆小竹の町並み　街道の夏風景。［写真／撮影：2000.8.9］

く、町のにぎわいを知る格好の史料である。現代文になおして、以下に紹介する。

「人家のあるところを直方新町という。多賀大神の祭りとのことで、笠鉾に人形やつくりものがある。田んぼのむこうに大きな石鳥居があり、これが多賀大神である。「日若祭」と書いた幟を立てている。(中略)石坂の右に芝居が掛かっていて、老若男女でにぎわっている。門前の両側には露店が軒を連ねている。子供の玩具や小間物をならべたようすは、都の神社の縁日とかわらない。左に曲がれば人家が密集してにぎやかになる。ここは直方の曲輪である。人家の軒に「楽市膏薬」などと書いた看板がある。右に曲がれば、ここにも笠鉾や人形・つくりものがある(下略)」

祭礼に「日若祭」の幟をたてるのは同じだが、笠鉾は今日では人形山笠に変わっている。新町からみえた多賀神社の鳥居は長清が寄進したものである。これが田んぼのむこうに見えるのは、殿町が田地化して人家がなかったためであるし、古町を新町とは別個の町ととらえていることは、『筑前名所図会』と同じである。両者を読みあわせると、当時の町の姿がより具体的にイメージできる。

間の宿、小竹の町と長薮騒動

直方から小竹への街道は、川を左に見る堤防道になる。昔は「奈良津の大薮」と呼ばれた広大な竹薮で、「長薮騒動(竹薮騒動とも)」の名で伝わる盗賊事件の舞台となった。小竹は当時勝野村の内、現在の鞍手郡小竹町にあたる。遠賀川河畔にあり、水陸の便がよい。元和年間、黒田長政によって大規模な堤防がつくられ、街道に沿って南北百十間ほどに町立てがなされた。小竹の名は、一帯に竹が多かったことにちなむ。元和九年の石高は三五〇

◆**龍徳屋酒店**［写真上／撮影：2000.3.10］

◆**郡境石**　銘は「従是北鞍手郡 勝野村」
［写真右／撮影：2000.8.6］

◆**貴船神社**［写真上／撮影：2000.8.6］

◆**上町の六地蔵**［写真上／撮影：2000.3.10］

〇石ちかくあり、当時の東蓮寺藩四万石内の三〇村中で最大の村だった。

町裏にあった川は、現在東につけ替えられ、その跡は国道二〇〇号線と住宅地になっている。このため環境は大きく変わったが、一歩旧道に入れば、往時の面影を残す道幅二間ほどの町並みが続いている。曹洞宗龍屋寺《りゅうおくじ》は文永元年（一三六四）の創建と伝える。ちかくに「殿墓」とよぶ場所があり、寺を再興した龍ヶ岳城主杉連並の墓と伝えてきた。近年ここから瓶にはいった大量の銅銭が出土した。いわゆる埋納銭とよばれるものだが、伝承の一端をしめすものかも知れない。石の大鳥居がある貴船神社は、村の鎮守で享和年間の創建。明治の末ころまで、祭礼には二階屋をしのぐ高さの山笠が巡行していた。上町の六地蔵は寛延三年（一七五〇）の鎮座。旅人が行路の安全を祈願したところだ。町の南はずれには穂波・鞍手両郡の郡境石がある。永年、頂部付近だけが地上に出ていたが、この春、下半部まで掘り出された。正面には「是より北、鞍手郡」、右側面には「勝野村」とある。

長藪騒動の顛末は以下の通りである。正徳三年（一七一三）閏五月十日の深夜、江戸へ向かう荷駄が竹藪土手で襲われた。護送する薩摩藩士は内田仲左衛門（三十歳）と海江田次郎兵衛（二十五歳）。荷を馬に乗せ、その上に乗る乗掛け姿で、二頭の馬にはそれぞれ馬子がついていた。連日の強行軍のため馬上でうたた寝しつつ進むうちに、盗賊が仲左衛門の刀を奪い、荷を渡せと迫った。仲左衛門は盗賊五人を相手に脇差しで応戦、三人を斬り二人を追い払ったが自身も負傷した。この間に次郎兵衛は荷を木屋瀬にとどけて事なきを得た。仲左衛門は事件を直方城下に急報したが、門番は深夜を理由に開門を拒否。やむなく小竹に引き返し、町の有力商人龍徳屋兵五郎宅で手あつい看護をうけた。翌日事件を知った直方藩は仰天、犯人の糾明と関係の修復に奔走することになる。

その後の調べで、斬られたのは賊の首領で肥前の浪人長崎三郎以下、筑後の浪人鍋半左衛門・博多の甚平。逃げた二人は中国弥左衛門および通称肥前の坊主と判明した。一味の名前をみると、西北九州から中国地方にかけての広い範囲の出身であるのがわかる。街道の発展にともない、無宿人や犯罪者もまた広範囲に移動や結びつきを形成していたことがうかがわれる。

この年は赤穂浪士の討入りから十二年の後。世は太平で武士が刀で斬り合うことなど稀であった時代だけに、事件は街道に大きな衝撃をあたえ、同時に薩摩藩士の武勇が賞賛された。島津家はこれを吉例として、以後の参勤交代には龍徳屋を小休み処とした。のち肥前鍋島藩などもこれにならったため、事件は小竹の町が宿駅として発展する契機となった。

以後、内田家と龍徳屋原田家の友誼は子孫に引きつがれ、明治にいたった。龍徳屋はその後も裕福な商家として大庄屋をつとめ、現在も龍徳屋酒店として現地にある。内田仲左衛門から六代の子孫、仲之助政風は、幕末のころ西郷吉之助（隆盛）・大山格之助（綱良）とならんで「薩摩の三之助」と称された逸材、島津久光の股肱の臣として活躍した。政風の子政彦は、海軍大尉をへて第二代の佐世保市長をつとめた。政彦の孫政秀は、キリスト教の牧師として小竹にほど近い田川市の教会に赴任した。昭和三十年代、炭坑の閉山があいつぐ中で人々の救済に尽力したが、これはまた別の物語である。

［うしじまえいしゅん］

＊1　近年、館跡の東方に「直方城址」の石碑が建てられているが、直方藩の場合、藩主の居館を城と称したことはないので注意したい。

直方・小竹 周辺の地図。この地図は、国土地理院発行の２万５千分の１地形図（中間／直方）をつなぎ、８９％に縮小して使用したものである。

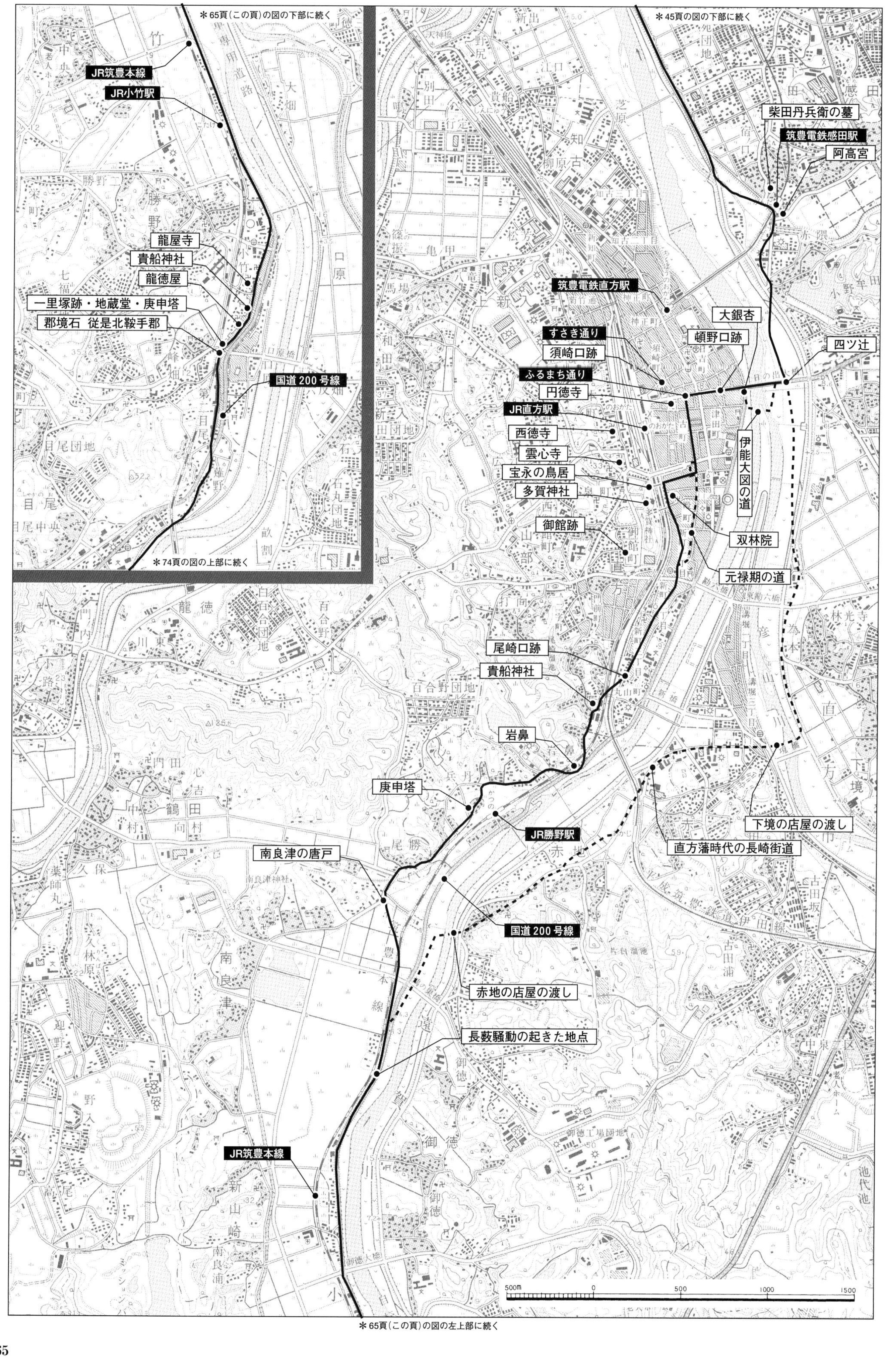

＊65頁(この頁)の図の左上部に続く

◆亀屋惣市の肖像画（飯塚市歴史資料館 所蔵）［写真／撮影：2000.8.9］

Chapter 7

長崎街道シリーズ
大里・小倉と筑前六宿

Iizuka-shuku

飯塚宿

文責◆ 嶋田光一 ［飯塚市歴史資料館 館長］
Shimada Kouichi

飯塚宿の設立と発展

飯塚宿がいつ、だれによって開かれたのか明確な史料はまだ見つかっていない。山家宿は慶長十六年（一六一一）に、内野宿は慶長十七年に設けられ、同年に冷水峠

◆**本町商店街**　このアーケード街のほとんどが長崎街道上である。山笠の時期なので西流の赤い幟がみえる。賑やかである。［写真／撮影：2000.7.2］

◆**東町商店街**　左右に通る道は、穂波川（飯塚川）を埋め立ててできた道である。横断歩道の所に絵図にみられる白水橋があった。［写真／撮影：2000.7.2］

◆**『筑前国続風土記附録』**飯塚村御茶屋図（提供：飯塚市歴史資料館）

も開かれている。飯塚宿もその頃設立されたのではないだろうか。桐山丹波は御笠《みかさ》郡、母里太兵衛《もりたへえ》は穂波郡の郡奉行・郡預りとなった黒田二十四騎の武将である。それぞれ郡内にある山家宿と内野宿の初代代官になっている。飯塚宿の初代代官は明らかではないが、穂波郡内に位置するので母里太兵衛、あるいは、その配下の陪臣がその設立にかかわったかもしれない。

初期の宿場施設については明らかではない。黒田如水と長政が、慶長二年（一五九七）の豊臣秀吉の朝鮮出兵による出陣のときや慶長五年の関ヶ原の戦い後の国替えによる筑前入国にあたり、飯塚の太養院に宿泊した記録が残っている。このときの太養院は飯塚山（飯の山）横の高台にあったが、二代藩主忠之のとき、寛永十七年（一六四〇）に北側の現在の場所に移された。その後、太養院の建物を再利用して御茶屋が新築されたようだが、それ以前の御茶屋は東側の明正寺内にあったといわれている。

寛永十四年（一六三七）に起こった島原の乱のとき、老中松平信綱一行は飯塚に宿泊した。当時、飯塚宿は母里太兵衛の子息である毛利左近が管轄する郡内であり、藩主忠之は家臣の黒田美作、小河内蔵允《おごうくらのじょう》宛て十二月十五日の書状で「毛利左近知行所も能々無油断様申付候へと両人可申渡候事」と、上使一行出迎え準備について手落ちがないよう指示を与えている。このとき、明正寺や太養院などの寺院が上使一行の宿陣した旅館であったと推定される。

納祖八幡宮境内には「寛永十七年庚辰」の年号を刻む石製鳥居の柱だけが一本残っている。同年に太養院が北へ移転し、飯塚山の横に新しく御茶屋が建てられている。寛永年間には九州諸大名の江戸参勤が始まるに伴い、飯塚宿の施設整備が急速に進められたと考えられる。

その六〇年後、元禄年間（一六八八—一七〇四）編纂

◆**太養院**　現在の太養院。［写真／撮影：2000.3.10］

◆**真福寺**［写真／撮影：2000.7.2］

◆**東構口跡**　この構口を直方の方向へ50mほど進むと左手に納祖八幡宮の鳥居が見えてくる。
［写真／撮影：2000.9.1］

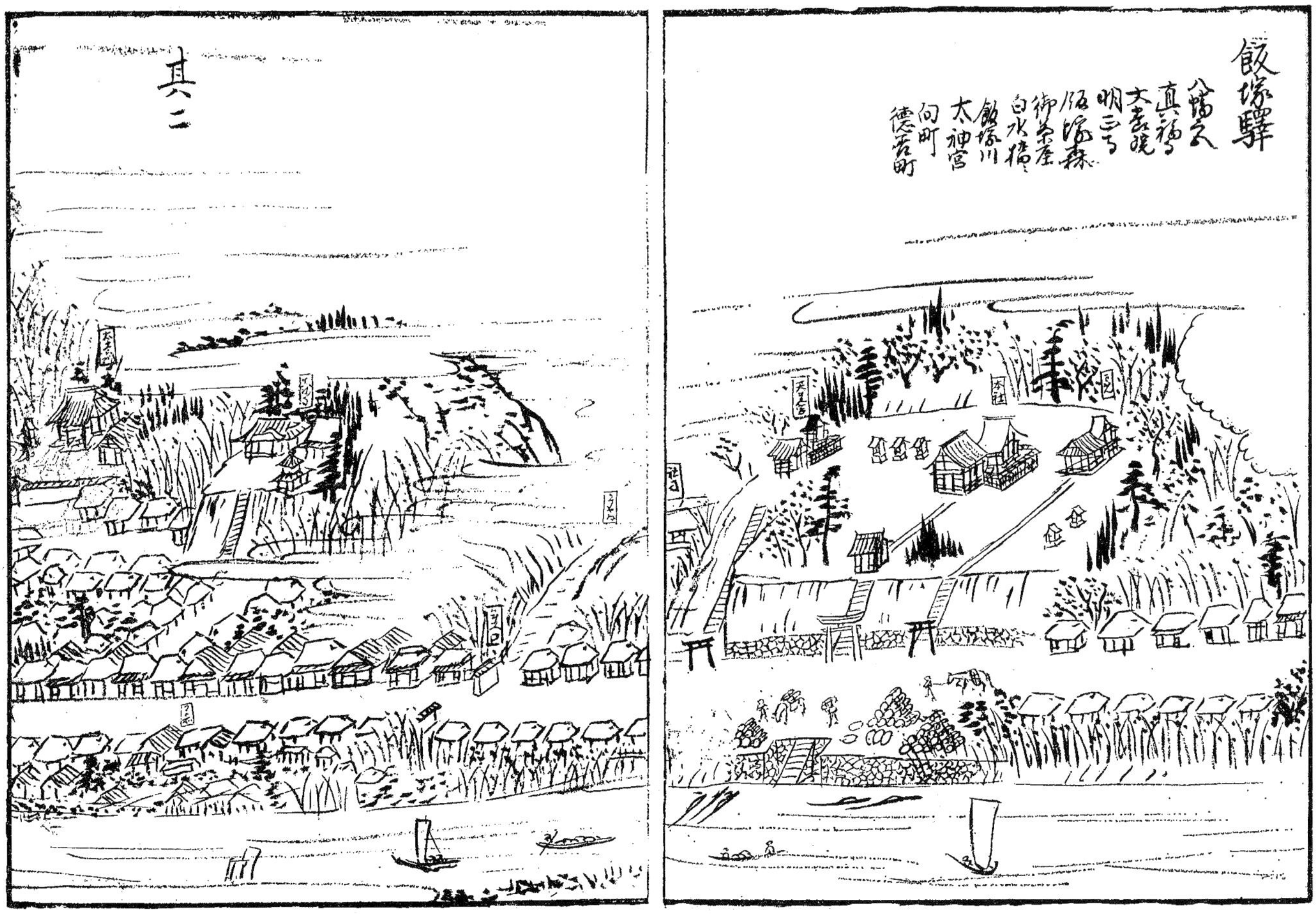

◆ **筑前名所図会／飯塚驛・其二**　奥村玉蘭筆（福岡市立博物館 所蔵）

の、『筑前国続風土記』の「穂波郡」には「上方より西南諸州往来の宿駅なり。国中の郷里にて民家多き事、姪濱《めいのはま》廿木につげり。蘆屋川の上なる故、川船多く、運漕の便よくして、海味もともしからす。富人も又頗在て、にきはへる所也。」と、同「提要」には「飯塚にて川の廣さ八間（一四から一五メートル）、深さ三尺（一メートル）。…飯塚迄船上る。丸木船　百二十二艘」とその繁栄ぶりを記している。

飯塚は参勤交代の宿駅として九州諸大名や長崎奉行が筑前六宿街道を南北に往来し、また、八木山峠越の博多往還によって博多と東西に結ばれ、陸上交通の要衝であった。そのころ、助郷制により嘉麻・穂波郡の村々は飯塚宿と内野宿の荷物運送のために人夫や馬を提供しなければならなかった。飯塚は内野に比べて荷物継送の路線が多く、両郡の夫役人数は飯塚に五割五歩、内野に四割五歩が割り付けられていた。

さらに、穂波川と嘉麻川が飯塚で合流し遠賀川となり、河川の水上交通にも恵まれていた。そのため、飯塚は遠賀川流域では川船は一二二艘もあり、保有率は三割以上を占め最も多い。本流河口の芦屋さらに吉田の堀川を経て洞海湾岸の港町、黒崎や若松と飯塚は川船によって結ばれていた。諸大名の道中荷物も上り便は飯塚から川船で黒崎や若松に運ばれていた。肥前の田代宿の荷物も、冷水峠を経て陸路で運ばれたあと、飯塚から若松までは飯塚商人が請け負い、川船で運ばれていた記録がある。

描かれた飯塚宿

さらに、一〇〇年後の寛政年間（一七八九―一八〇一）編纂の『筑前国続風土記附録』には「飯塚村御茶屋図」がある。今から約二〇〇年前の飯塚宿の状況を伝える貴重

◆**西構口跡**　この構口に入って真直ぐ進み、突き当りを絵図のように右に曲がると東町に向かう。
［写真／撮影：2000.6.6］

◆**明正寺**　寺の前の通りの勢溜りに参勤交代の大名の隊列が並んだ。また境内には象が泊まった。
［写真／撮影：2000.3.10］

◆**飯塚山（飯の山）**飯塚の地名の由来は、御飯を盛ったような形状の、この山の名からついた。
［写真／撮影：2000.3.10］

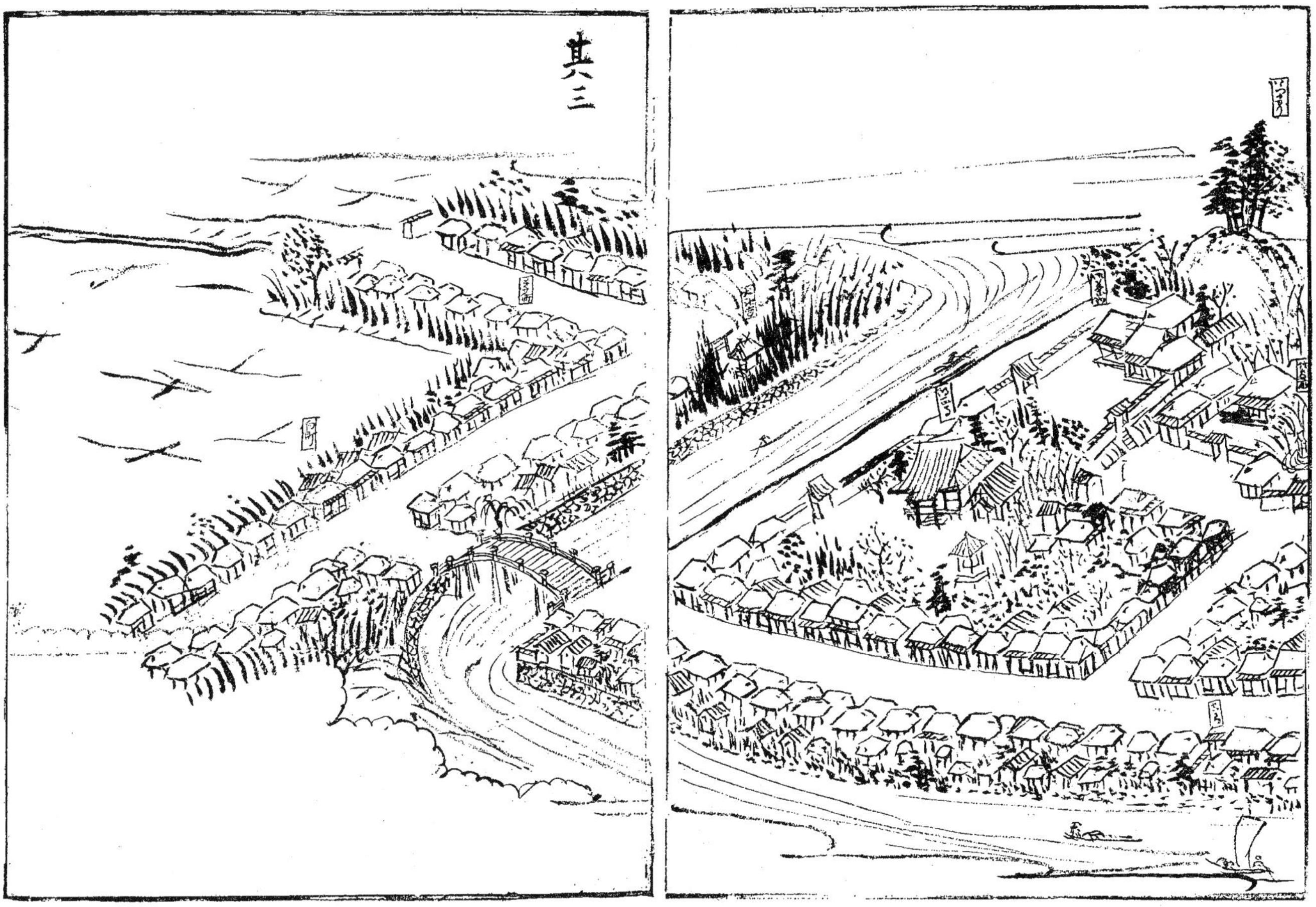

◆ **筑前名所図会／飯塚驛・其二・其三**　奥村玉蘭筆（福岡市立博物館 所蔵）

な絵画資料である。飯塚宿が東から西を俯瞰して色彩豊かに描かれ、前記の文献史料の内容を裏付けている。

水量豊かな飯塚川には三艘の川船が描かれ、帆を張って上下しており、二艘の川船は年貢米を河口の芦屋または若松に運んでいるのであろう。同書の記録でも、飯塚に川艜《かわひらた》が遠賀川筋中、最も多く七五艘もあった。

東町と本町を結ぶ木製の白水橋、本町筋の両側は瓦葺きで平入りの商家や旅籠屋が並び、ほとんどが中二階建、二つの四角窓を持つ白壁作りである。白水橋を渡ってすぐ右手には大きな二階建ての白壁の商家がある。飯塚では旧家で酒屋を営んだ樽屋であろう。

本町の中央西側には制札場が見える。飯塚市歴史資料館には明和七年（一七七〇）の郡奉行が出した制札がある。その東には対面して白壁の土塀に囲まれた町茶屋の中茶屋と下茶屋がある。ともに一般武士の宿泊所であった。その東が馬駅で人足や馬を準備して次の宿場への荷物運送を受け持った。その先に白壁土塀の東構口がある。

飯塚川に下る石段も六箇所描かれている。これは船着場であろう。その東に飯塚村の産神である納祖《のうそ》八幡宮があり、摂社、末社が並んでいる。左の高台には飯塚の地名の起こりの飯塚山とその横に白壁の土塀で囲まれた御茶屋がある。また、その周辺に真福寺、大養院、明正寺が描かれている。

その三〇年後、文政年間（一八一八―一八三〇）に博多の商人学者、奥村玉蘭によって描かれた『筑前名所図会』には東の納祖八幡宮から東構口、本町筋から白水橋を経て、西構口まで飯塚宿の全景が詳細に墨で描かれている。納祖八幡宮前の船着場には馬で運ばれた米俵が高く積まれ、年貢米の積み出し準備が行われている。

飯塚市本町の郷土史家であった故山本宇兵衛氏は明治七年の字図とこの玉蘭の「飯塚駅」の図を対比して詳細

◆納祖八幡宮、東の鳥居の狛犬［写真上／撮影：2000.7.2］

◆納祖八幡宮、東の鳥居の狛犬［写真上／撮影：2000.7.2］

◆小林文吉の肖像画
（飯塚市歴史資料館 所蔵）
［写真右／撮影：2000.8.9］

な飯塚宿の研究をされた。昭和四十五年から飯塚市文化連合会によって飯塚宿史跡碑がオランダ屋敷跡、宝月楼跡、問屋場跡、恵比須石跡、住吉宮跡、郡屋跡、勢留り跡、大神宮跡、東西の構口の一〇箇所に建てられたが、それは同氏の長年の研究成果に基づくものである。

石造物に刻まれた人々

納祖八幡宮の東の鳥居のかたわらに

「博奕改役　小林文吉　慶応二年」

「倅　傳助　仝　傳右衛門」

と刻まれた一対の狛犬がある。文吉は文化七年（一八一〇）に生まれ明治八年（一八七五）に亡くなっているので、幕末から明治維新を生きた人物である。その役宅と牢屋敷は宮ノ下の旧米山診療所のところにあった。

博奕改役はバクチを取り締まる役職である。宿場町と川船基地であった飯塚にはバクチも多かったようだ。彼の肖像画は飯塚市歴史資料館に展示されている。

中央石段の中段、一対の狛犬には、

「和田忠吉、久留米屋儀市、糀屋源蔵、糀屋儀市、糀屋卯三郎、糀屋善五郎、糀屋善吉、菓子屋佐平、亀屋惣市、綿屋重次、鍛冶屋保助、船頭孫六、川崎屋治三郎、鍛冶屋宗助、石匠山本文右エ門（以上右側）綿屋勝右エ門、櫛屋与七、綿屋惣吉、油屋兵右エ門、魚屋惣吉、綿屋茂吉、山鹿屋又吉、糀屋茂助、米屋弥七、福沢屋正吉、庄屋宮崎通太重道　嘉永五年壬子二月　大宮司従五位下摂津守青柳直雄（以上左側）」

と屋号を持つ商人達の名前が刻まれている。当時、飯塚に多くの裕福な商人達がいて栄えていたことが偲ばれる。

この中の宮ノ下で旅籠屋を営んでいた亀屋惣市の肖像画と遺品も飯塚市歴史資料館に展示されている。

◆納祖八幡宮、中央の鳥居の狛犬［写真上／撮影：2000.9.1］ ◆納祖八幡宮、中央の鳥居の狛犬［写真上／撮影：2000.9.1］ ◆納祖八幡宮、中央の鳥居［写真上／撮影：2000.3.9］

◆納祖八幡宮境内［写真上／撮影：2000.7.2］

飯塚宿の文人と画家

納祖八幡宮の石段を上がり本殿左に、和魂漢才碑がある。菅原道真の学識と教えを適切に伝えた言葉とされている。幕末から明治維新にかけて起こった国学思想の隆盛とその影響により建てられたものであろう。同じ石碑が太宰府天満宮と内野老松神社境内にある。

表面に和魂漢才の言葉、裏面に元野木慎平大綱、山本戸吉直道、飯塚村触口役麻生賀郎真信、立岩村庄屋諸通取締麻生太郎真孝、南尾村諸通取締山口角蔵茂嗣、人馬問屋畑八方作、同助役畑野市五郎則重、左側面には上座下座嘉麻穂波祠官班頭青柳直雄、右側面に、世話人甘木屋武四郎、墨屋九平の名前が見える。

元野木・山本は代官を助ける下代という宿場役人、触口役は大庄屋にあたる村役人、諸通取締は街道を取り締まる役人、人馬問屋は木屋瀬と内野までの人足と馬の手配、荷物の運送、川船の手配を受け持つ宿場役人である。青柳直雄は納祖八幡宮の宮司で平田篤胤派の国学者であった。この石碑に名前を連ねた人々は飯塚の村役人や宿場役人である。当時の新しい学問である国学に傾倒した飯塚の知識人達であろう。

納祖八幡宮の西の鳥居前には「宝月楼跡」と刻まれた石碑がある。ここは帯屋の古川直道の別荘で、飯塚川の清流に沿った岸辺にあった。東に関の山、英彦山、北に福智の山並みを眺めることができる、大変風情のある優雅な建物であった。

青柳直雄、古川直道（帯屋・爐蝋経営）、小林重治（森崎屋主人）、宮崎重道（下茶屋の薩摩屋主人・庄屋）、芳井廣道（元秋月藩士・寺子屋主人）など飯塚の歌人たちは、時代を先取りする精神が旺盛だった。当時、博多の歌人で、後に、佐々木信綱により日本近代短歌の開拓者として高く評価された大隈言道を飯塚に招き宝月楼で指導を受けた。言道は博多では、ほとんど人気が無く歌道の異端者とされていた。言道は嘉永二年（一八四九）から安政五年（一八五八）まで十年間、飯塚の門弟の指導を行い歌学の研究に没頭した。

「ゆくさきはみなみにおれてなつかしく
　末おもはするいひつかのさと
ひこのねもここよりしるく見ゆるかな
　いまいく程の道かあるらん」

この歌は言道が飯塚滞在中に作ったものである。

言道の弟子の野村望東尼は、言道が毎年春を飯塚ですごしていたとき、

「春ごとに君をとどむる飯塚の
　里の桜はきりもすてなむ」

と詠み、言道の長い飯塚滞在を羨んだほどである。望東尼も言道を訪ねて飯塚の歌人と交友を深め飯塚に愛着を持っていた。

小林重治は大坂夏陣で果てた木村長門守重成の末裔といわれている。飯塚では大きな造り酒屋の主人であった。言道が大坂で歌集『草径集』を出版するにあたり、資金援助を惜しみなく行った。また、二人で作った歌集『荻葉集』もある。宝月楼跡の書院に掛けられていた、亀井南冥筆の「杭水書屋」の扁額は飯塚市歴史資料館に展示されている。

また、俳諧では、油屋主人の小林素柳がいた。諸九尼の夫、野坡門の浮風の指導を受け、後に松尾芭蕉の俳諧の再興者、蝶夢の門下となった。晩年、杭川（飯塚川）のほとりに別屋（後の宝月楼か）を営んでいる。その子、小林依兮は大津市義仲寺の『芭蕉門古人眞蹟』の施板者（出版の資金援助者）であり、その子、菊谿は父の三回忌集に句集『ゆめのあきふゆ』を出版している。

納祖八幡宮裏の墓地には幕末から明治維新の飯塚の画家、式田春蟻、春蝶の墓がある。春蟻、春蝶は斉藤秋圃の弟子とされている。

秋圃は初め浮世絵師であったが、画才が認められ秋月藩のお抱え絵師となり、筑前四大画家の一人に数えられる人物である。秋圃はお抱え絵師になる前、大坂から長崎へ行く途中、本町古川家に仮住いして数年間飯塚に留まり、画業のかたわら飯塚の人々に絵画を指導した。弟子として春蟻、春蝶（宮ノ下）、元野木平僊（東町）、茅野青村（本町）、山本文章（東町）などがいた。特に秋圃は春蟻の美人画を称賛し、その子の春蝶は多くの絵馬を残している。こうした国学者、歌人、俳人、画家などの文化人たちが江戸時代後期の飯塚宿には輩出し活発な文芸活動を展開していた。

旅人の記録と印象

江戸に参府して飯塚宿を往来した外国人として、ケンペル（蘭医、元禄四・五年の二回）、チチング（オランダ商館長、安永八年と天明元年の二回）、ゾーフ（オランダ商館長、文化三年）、フイッセル（オランダ商館員、文化五年）、シーボルト（蘭医、文政九年）などの旅行記録が残っている。

元禄四年（一六九一）の二月十三日に長崎を出て、江戸へ向う途中のドイツ人でオランダ商館の医師であったケンペルは『江戸参府旅行日記』の中に、「二月十六日…われわれは今日の一〇里の道を旅してやっと夕方には飯塚に着き、そこで泊った。二〇〇―三〇〇戸から成り、小舟がたくさん浮ぶ川の向う岸にある。この川を他の人

◆オランダ屋敷跡［写真右／撮影：2000.3.10］
◆片島の街並　オランダ屋敷跡の前を通り700メートルほどで片島の街道筋を通る。次に川津、幸袋、目尾と進み、小竹に向かう。［写真左／撮影：1999.12.4］

たちは負われて越えたが、私は許しを得て細長い橋を渡って行った。……」と記している。家数や川舟が多いことなど、前記の『筑前国続風土記』の記述や絵画資料と一致する。川は飯塚川（穂波川）で細長い橋は白水橋であろうか。

シーボルトは『江戸参府紀行』の中に文政九年（一八二六）二月二十日に飯塚で昼食をとったこと、飯塚付近では山地が終わり広々とした水田が開け、木屋瀬付近では人々が石炭を運び、直方川の右岸に連なる炭焼山で石炭が掘られていること、また、江戸からの帰路、同年七月一日に飯塚に宿泊したことを記している。

彼は息子を伴って安政六年（一八五九）に再び来日したが、この時、福岡藩の役人が藩内の炭鉱開発についての相談にしばしばシーボルトを訪問している。彼はオランダの貿易会社にこの企画に関心を持たせ、通商の発展を願っていたが実現しなかった。もし、成功していれば筑豊の炭鉱開発史にシーボルトの名前が残ったかも知れない。

納祖八幡宮から少し東に行くと、左側の民家のブロック塀の中に、高さ一メートルほどの花崗岩の石柱が嵌め込まれオランダ屋敷跡と刻まれている。オランダ人など外国人が宿泊した場所とされている。カピタンは朱印状によって大名と同格であり、道中は宿駅の本陣や寺院に休泊し、江戸、京都、大坂、室津、下関、小倉などには指定の宿舎があった。

飯塚では御茶屋や寺院などの宿場内の施設ではなく、東構口のはずれにあるオランダ屋敷に宿泊したといわれている。長崎街道ではオランダ屋敷と名の付く施設は他の宿場にはないようだ。なぜ、飯塚だけこうした特別な施設が宿場の外に設けられたのだろうか。その理由は不明である。オランダ屋敷の伝承は安政六年（一八五九）の開国以降のことかもしれない。今後の検討が必要である。

また、ベトナム渡来の象が通っている。明正寺過去帳には、享保十四年（一七二九）三月二十二日に「長崎江戸象献上飯塚通ル」という興味ある記録がある。

小竹町の旧家に残る『萬年代記』には象が飯塚に泊り、三月二十三日に通り、小竹で休み、木屋瀬で泊まり、芭蕉、ひめ草、手いたかつら、久年母などを食べ、水を一日五斗も飲んだことを記している。

平賀源内に蘭学を学び西洋流の銅版画を創始した司馬江漢は天明八年（一七八八）十月四日に飯塚に泊まった。『江漢西遊日記』には、木屋瀬から飯塚までの間、水田に真奈鶴、黒鶴、白鶴など、鶴が多くみられること、道沿いには櫨木が植えてあり、紅葉して錦のように美しいこと、宿では煮炊きや風呂沸かしに石炭を使用し、硫黄のにおいがして大変臭いこと、石炭は山の根から掘り出し、谷底に藤カヅラで作ったフゴをおろし滑車で引き上げて掘っていること、などを記している。

長崎奉行所勤めの帰りに、太田南畝（蜀山人）は文化二年（一八〇五）十月十四日に中茶屋の長崎屋に宿泊した。日記の『小春紀行』には、一〇〇年前の元禄時代では、飯塚川は川幅十間（一八メートル）ほどで、白水橋はなく船渡しであったこと、今は長さ二十五間（四五メートル）ほどの橋が掛けられていること、中茶屋の長崎屋に泊まり、そのとき、主人の畠間小四郎の要望で短冊に和歌を多く書き与えたこと、山間部のひなびた場所であるが小四郎のような風雅の人がいること、などを記している。

また、文化九年（一八一二）二月二日、伊能忠敬の測量隊は宮崎善兵衛の下茶屋（薩摩屋）を本陣とし、このとき、飯塚宿代官の加藤助左エ門が出迎えたことなどが『測量日記』に見える。

［しまだこういち］

◆ 筑前名所図会／片嶋村　奥村玉蘭筆（福岡市立博物館 所蔵）

◆堀池の貴船神社［写真上／撮影：2000.6.6］
◆徳前の穂波川［写真右／撮影：2000.3.10］

徳前・堀池・楽市・天《てん》道《とう》

◆楽市の街並み［写真右／撮影：2000.6.6］
◆天道宮［写真下／撮影：2000.6.6］

◆天道の街並み［写真下／撮影：2000.6.6］

◆瀬戸の渡し　左側に見える大木の所から川を渡る。[写真上／撮影：2000.6.6]
◆瀬戸、舟庄屋川波家前の街道の分岐点　長崎街道は左の家の所で左側に曲がり瀬戸の渡しに向かう。手前の建物が向かい合っている間の道から秋月街道になる。[写真左／撮影：2000.7.2]

瀬戸・寿命《じゅめい》・長尾・阿恵《あえ》

◆桂川駅近くの街道筋
筑豊本線と長崎街道がこの踏切の所で交差する。
[写真右／撮影：2000.6.6]

◆長尾の老松神社［写真上／撮影：2000.6.24］

◆阿恵の街並み
建物の二階の突き出た部分はウダツである。
[写真下／撮影：2000.7.2]

飯塚宿 周辺の地図。この地図は、国土地理院発行の２万５千分の１地形図（直方／飯塚）をつなぎ、89％に縮小して使用したものである。

＊65頁の図の左側に続く

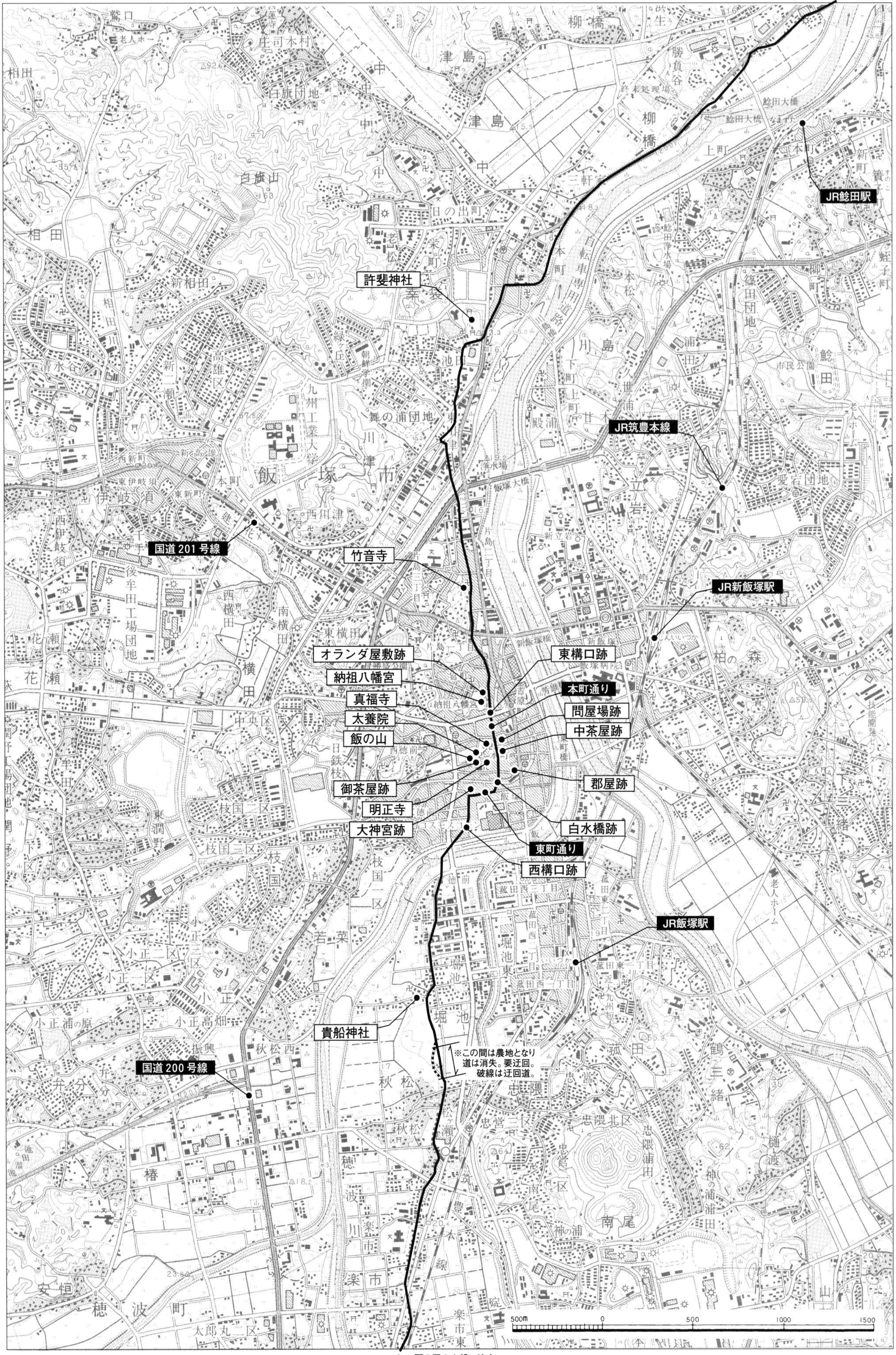

＊77頁の図の上部に続く

天道 から 阿恵 にかけての地図。この地図は、国土地理院発行の２万５千分の１地形図（飯塚／大隈）をつなぎ、89％に縮小して使用したものである。

＊76頁の図の下部に続く

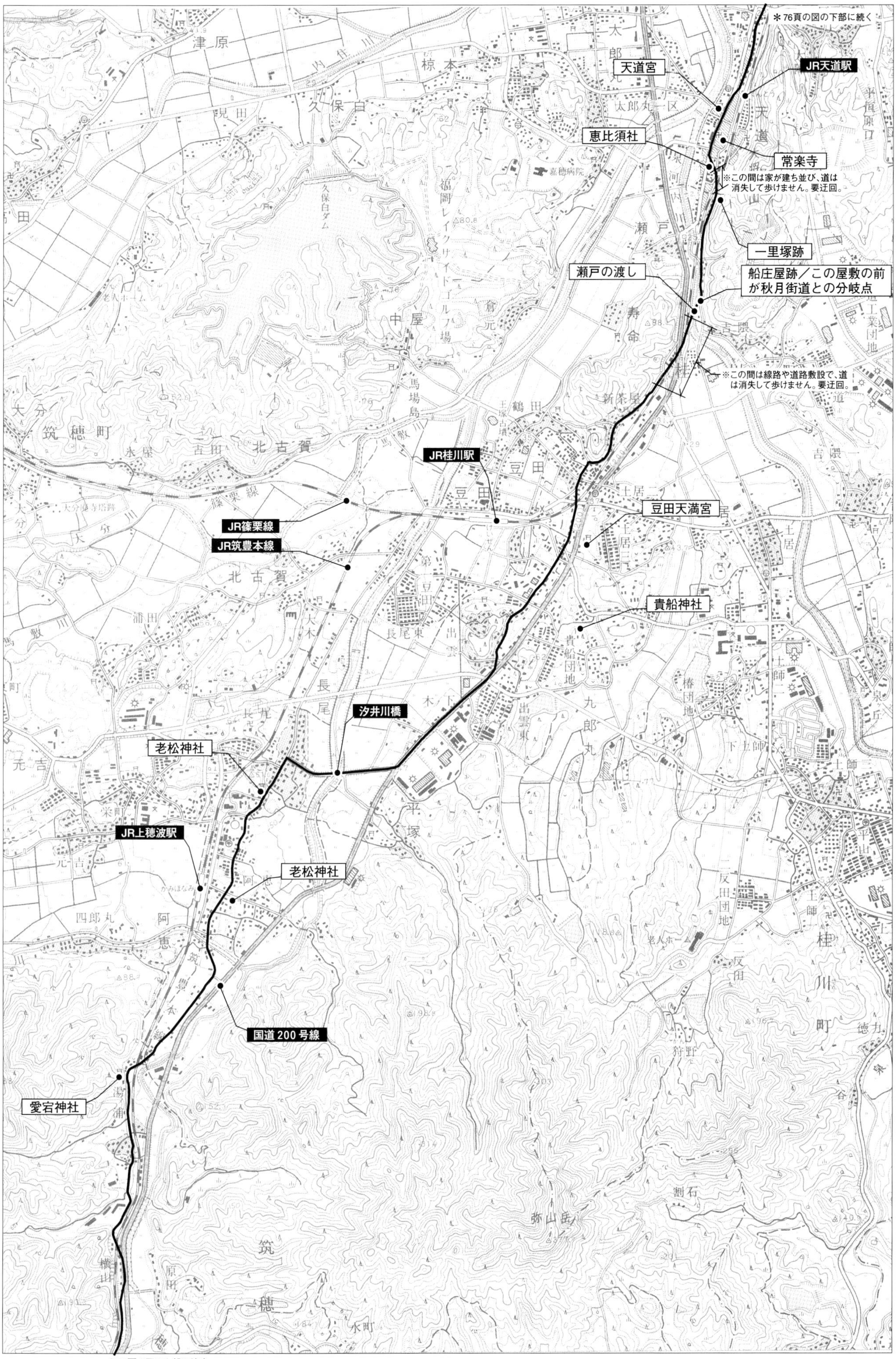

＊92頁の図の上部に続く

◆**内野太郎左衛門の肖像画**（内野尊夫氏 所蔵）［写真右／撮影：1999.12.11］

Chapter 8

長崎街道シリーズ
大里・小倉と筑前六宿
Uchino-syuku

内野宿

文責◆ **百富進美**［郷土史家・内野宿薩摩屋］
Momodomi Susumi

◆**小倉屋**［写真上／撮影：2000.6.24］

◆**内野太郎左衛門の墓** 宗賢寺内の墓所にある。
［写真右／撮影：1999.11.27］

内野の地名

「内野邑昔は無し」と貝原益軒の『筑前国続風土記』にある。江戸時代、長崎街道筑前六宿の一つ内野宿は、残念ながら、それ以前には内野の地名の記録はなかった。

郷土史として権威のある『筑前国続風土記』は、貝原益軒が自分で藩内くまなく歩いて調査し記録したものだから、まず信ずべきだろう。荘園時代、土師荘、碓井荘、長尾荘、南に三箇山荘、夜須荘等は史書に見えるが、内野の地名はない。当時、内野の町部に数軒、川向こうに数軒と、農家の小部落が転在していたものと思われる。

内野宿が開発されるまでは水田も少なく、一帯はよき狩場であったと『黒田家譜』にもみえている。

群雄割拠の戦国時代、嘉麻《かま》地方に芥田氏、千手《せんず》氏、飯塚周辺に土師氏、碓井氏、粥田氏、諸々の小土豪が割拠し、大きくは古処山城の秋月氏と、大友の筑前の拠点、宝満山城の高橋紹雲《たかはししょううん》の接点となり、たびたびの戦乱の地であった。末期は秋月種実《あきづきたねざね》の領地化するも、秀吉の九州征定後は、北部九州で覇を誇った秋月氏も日向高鍋に配流となり、秋月氏盛んなりしときは、三五万石で、その軍勢も一万五千と言われていた。それが僅か三万石に減封、したがって秋月牢人が大勢でた。

内野にも牢人が幾人か住みついた。かつては秋月の端城高石山城の城代、大庭（饗庭《あえば》）内蔵助、内野氏の系譜によれば、内野太郎左衛門の先代実父となっている。この大庭内蔵助も内野に庵を建て晩年隠遁の余生を送っている。

先にあげた大庭内蔵助重保、秋月種実の股肱の臣で宝満城の高橋紹雲との攻防では、高石山城をあずかり活躍した。米の山城は高橋氏の秋月押えの砦で、境界線上の睨み合いや、幾度もの攻防戦を経て、ついに秀吉が九州に進出した。秀吉を甘く見ていた秋月父子も、あっけなく敗北して日向高鍋に放逐される。大庭内蔵助は牢人となり内野に住みついた。その室は百富弥三次（黒田家大譜代重臣）の姉であり、その息子が内野太郎左衛門重信である。

内野姓は黒田長政に任えて後、改姓したものといわれる。武家の系図は江戸時代中期、寛政年間、譜代外様の大名の家臣録と系図を、将軍家康から一切差出すよう申し渡され全国の武家が先祖に逆のぼって作成した。将軍家徳川氏が源氏流だから、大かたの武家が源氏につながるようにした。次に多いのは藤原氏流れである。遠戚の名門の家のを写したり、中には名門の家のを金で買ったりした者もいた。

表裏常なき去就転変の戦国の世は去り、秋月家臣の息子が黒田家に任えたことは、充分察せられるが、饗場氏の子孫が大庭内蔵助であり、内野太郎左衛門と言う。姓を変えたことが納得できず、疑問の残るところであるが、いずれ秋月文書等調査し解明したく思っている。

鎌倉時代から室町時代を通じて、探題、守護、地頭という豪族の職制が設けられていた。守護職は一国の覇主、地頭は一郡ぐらいの統轄番、その下に中小の土豪が多数いた。

内野太郎左衛門重信

饗場氏は源頼光を先祖とする名門で、戦国時代に九州戦史で勇名を馳せた。南北朝の筑後大原（大保原）の合戦で南軍菊地武光に対し、北軍武家方の総帥小貳直資軍に加担したのは、饗庭右衛門蔵人重高に饗庭左衛門行盛。左衛門行盛はこのとき戦死する。その後は足利将軍の幕下にあり代々地頭職を務め、その十二代後が饗庭（大庭）内蔵助重保、九州地頭長、居高石城、その息が内野太郎左衛門重信である。

内野太郎左衛門は『黒田家譜』によれば、長政が筑前入国にともない多数の家臣を採用した際、一〇〇石どり新参として召しかかえられた。黒田家では播州からの旧臣を大譜代、中津からの家臣を古譜代と呼び、筑前で新しく召しかかえた者を新参と分けた。内野氏は新参ながら太郎左衛門の誠実な人柄と毛並の良さ、名門の武将の子孫ということで、長政公の信任も厚く、要職の宿場代官を被仰付る。

また、内野太郎左衛門は、黒田長政の冷水街道開設にあたり、内野宿奉行、母里但馬の代官として派遣された。内野の地名はそれまではなかった。太郎左衛門が宿場を開いて、藩主長政公の許しを得て、己れの出身地の地名をとって内野宿と名付けた。地名・人名には出身地の色々の呼称名が苗字になったものと、姓氏のある者が邑に入り邑の呼称としたものがある。

ともあれ、内野山は鹿等が多くいて、藩の良き狩場であり、長政公も狩りに来ている。内野太郎左衛門は山代官も仰付っていて銃が上手だった。何度か鹿をとっては藩主にとどけている。寛永十四年（一六三七）に始まった島原の乱では、得意の銃で手柄をたてた。黒田家譜によれば「内野太郎左衛門、誰よりも早く一番に城内に入って、塀の内の敵七、八人、家人（郎党）に鉄砲にて打倒させ、其の後自身鉄砲にて三人打ちふせける」とある。自身も手傷を負うが、その島原の乱の功により二〇〇石に加増される。

内野大郎左衛門が長政の命で内野を開設し、内野邑の農業を振興させたことはまぎれもない事実で、尚禪刹の宗賢寺を建立し画期的な邑の発展を計った。その背景には黒田長政あり、徳川幕府あり。さらに逆上れば戦国時代からの流れがある。

盛者必滅、栄枯盛衰幾星霜、時代の変遷には抗すべくないが内野氏の内野に対するその貢献度は誰よりも大きい。私ども住民は、太郎左衛門をはじめ、偉大な先人を光栄とし、感謝し顕彰すべきでしょう。

昭和六十三年秋には、内野太郎左衛門（卜祐宗賢居士）の三五〇年忌が宗賢寺においてささやかに挙行されました。先年の三〇〇年祭は、旧内野村の大行事として盛大に行われたが、このたびはいささか淋しい気持ちです。今後、住民の皆様の御賛同、御声援をお願いしたいものです。

◆宗賢寺　内野太郎左衛門が62歳で病死した寛永16年（1639）に碓井の永泉寺12世和尚がその霊をまつり一寺を開いて宗賢寺とした。本尊は聖観音菩薩。[写真上／撮影：1999.11.27]

◆内野宿　画面左側の道の見える辺りの右側に御茶屋（本陣）があった。[写真左／撮影：1999.11.27]

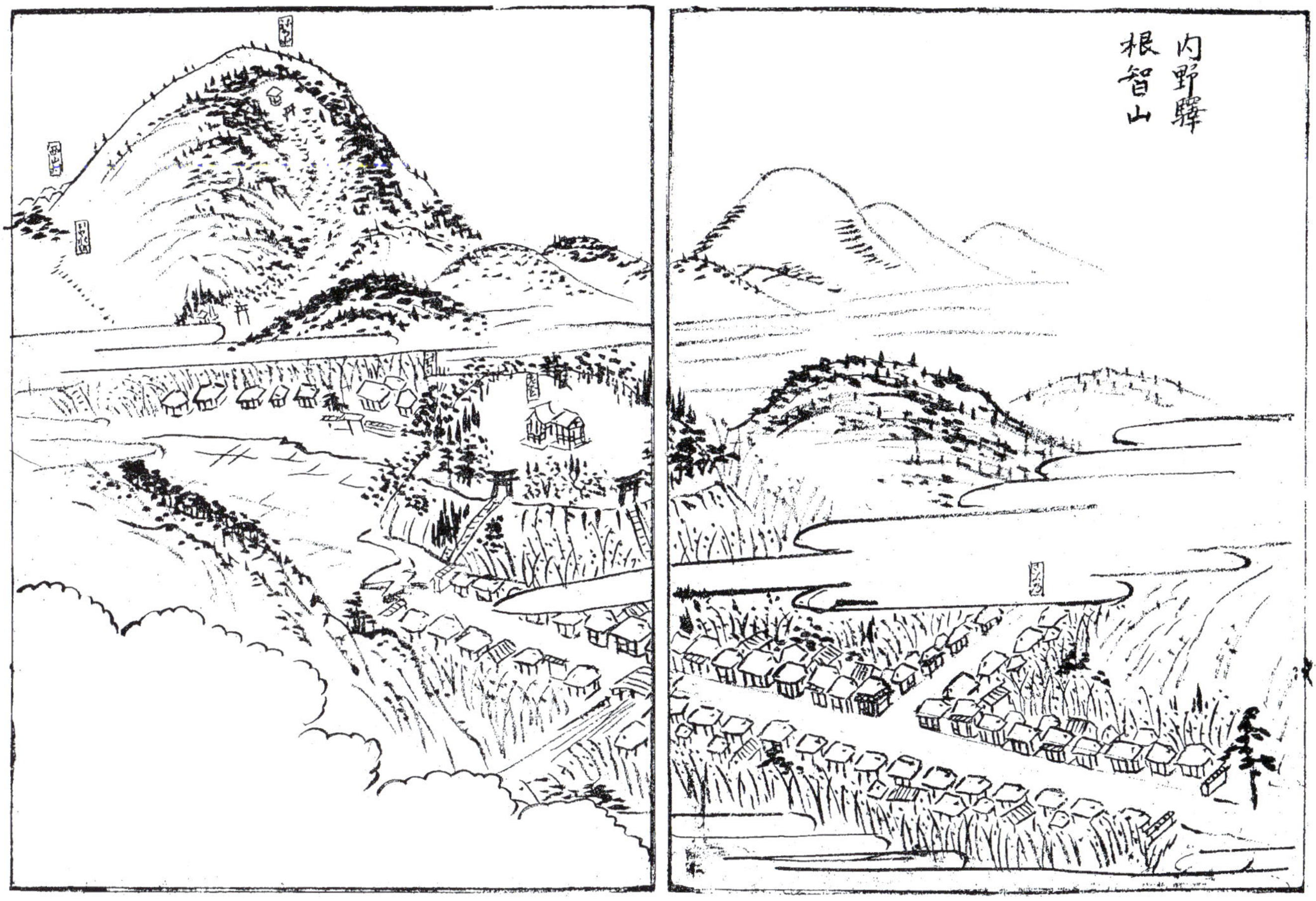

◆ 筑前名所図会／内野驛・根地山　奥村玉蘭筆（福岡市立博物館 所蔵）

内野宿の整備

黒田長政は関ヶ原の功により、慶長五年（一六〇〇）に筑前国五二万石を拝領し、中津より入国、筑前国の治政を考慮し、さまざまの行政改革を図った。

その一つとして、戦乱を想定して他の大名が城下町や商人町博多を通過することを避けて、城下町福岡の発展と筑前国全体の開発を併せ考えた。これは黒田如水（孝高）の案だという。（※黒田如水は慶長九年に没）

そのために、冷水峠越えの長崎街道の新設を決定した。着工開始は慶長八年（一六〇三）。山家宿の奉行に桐山丹羽、代官に志方彦太夫、この人物も黒田家大譜代で二五騎の一人とも言われる。二五騎は時代により人名に異動があったようである。

内野宿は奉行、母里但馬（大隈城主になるのは慶長十一年［一六〇六］で当時は鷹取城主）代官に内野太郎左衛門が任命され、冷水峠までを相方で分担作事させる。史書により多少の相違はあるが、冷水街道の完成は、慶長十六年（一六一一）が間違いないようだ。

そののち幕府は、盤石の徳川政権確立のために、寛永十二年（一六三五）の武家諸法度によって各大名の参勤交代の制度を定めた。福岡城下および博多の町は、結果として他藩等の頻繁な通行を避けることができたのだから、黒田如水の先見の明といえるであろう。

国道二〇〇号線は、現在も昔も黒崎から原田までである。峠を大型トラックなどが急勾配ゆえに黒煙をあげてうなって上がる。多いときは、一日一万台も通過するという重要道路である。江戸時代の長崎街道も東海道、山陽道につぐ主要道で、大名行列を始め相当数の旅人が往きかった。

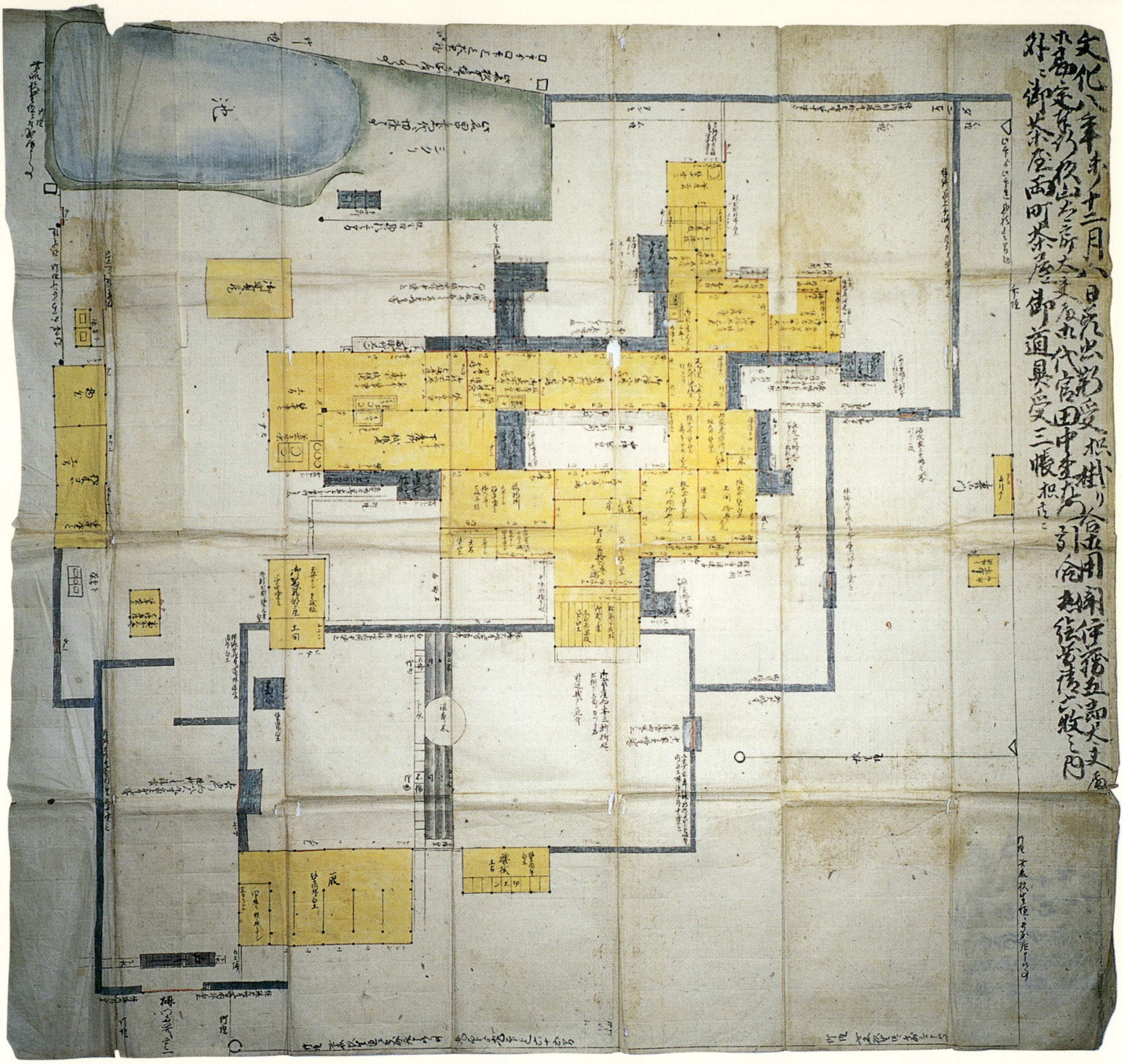

◆内野御茶屋絵図（安田家久氏 所蔵）［写真上／撮影：2000.6.24］
◆夫婦銀杏　お薬師堂の前の銀杏は雄の樹である。長年にわたって南西からの山風に吹かれ、樹の上部の枝は北東の方向に向いている。樹齢は約400年といわれている。［83頁の写真／撮影：1999.11.30］　また、上の絵図の中央のやや左下部分（丸い部分）にあった雌の樹は昭和10年に伐採され、現在では跡形もなくなり田畠になっている。下の写真は昭和3年の御茶屋跡の風景。手前が伐採された雌の樹で、奥に見えるのが現存する雄の樹。［写真下］

山家宿は黒田藩主の別館もあり、他の街道とも交差するために特に賑やかだった。内野宿も街道筋に二〇〇軒もの商家が並び旅籠、茶店、日用雑貨店、大工石屋等諸々の職人連もいて、現在では想像もできない繁栄だったという。

茶屋

宿場町の整備と相まって、長崎奉行を始め、参勤大名の行列、宿泊が始まる。筑前六宿では、原田宿に泊まった行列は山家宿が中食で、内野宿が泊まり、山家宿に泊まった行列は、内野宿は中食で飯塚宿が泊まりと、一宿おきに宿泊、中食とした。

大名の宿舎は、本茶屋(本陣、陣屋とも呼ぶ)、重臣家臣は、中茶屋の薩摩屋と下茶屋の長崎屋（この二軒が通称脇本陣)に分かれて泊まる。供の足軽仲間槍持や駕籠かきなどは普通の旅籠と定められている。長崎奉行や大名

◆大銀杏の落葉　東側からの景観。［83頁の左下の写真／撮影：1999.11.27］

◆追分石「右さいふ道」銘
冷水峠越えでなく、米ノ山峠越えで太宰府に向う場合は、御茶屋の前で右に折れる。少し進むと大銀杏の前に出て、その辺りから左に進む。
［写真上／撮影：2000.10.17］

◆御茶屋の脇を通る宰府道
草に埋もれた古道も、この時期になると、彼岸花が路を赤く染めて導いてくれる。奥に見えるのは大銀杏。
［写真右／撮影：2000.9.24］

が重複した場合は、身分の低い方の大名が脇本陣に泊まる。長崎街道では本陣とは呼ばず、お茶屋と呼ばれ、脇本陣も中茶屋、下茶屋と呼ばれていた。（以後は、わかりやすく本陣、脇本陣と呼称する）

［筑前六宿の茶屋名］

黒崎	上町茶屋 関屋	冨田孫七	下町茶屋 八幡屋	石井正次郎
木屋瀬	長崎屋	中村弥平次	薩摩屋	石橋甚三郎
飯塚	中茶屋 長崎屋	畠間小四郎	下茶屋 薩摩屋	宮崎善兵衛
内野	中茶屋 薩摩屋	百富宅次	下茶屋 長崎屋	内野伊右ヱ門
山家	中茶屋 長崎屋	近藤弥右ヱ門	下茶屋 薩摩屋	山田茂右ヱ門
原田	中茶屋 薩摩屋	山内孫四郎		

この長崎街道では、六宿とも、脇本陣は中茶屋と、下茶屋の二軒だけで、屋号も黒崎宿を除いては、長崎屋と薩摩屋に統一されていた。肥前屋、小倉屋等は普通の旅籠である。

私どもの子供のころの、昭和十四・五年までは、街道の松並木の名残りの老松があちこちに、一本二本と点在していたが今では一本もない。道路も昔日の急坂からずいぶん改良され、冷水五橋、アスファルト、ガードレールと立派になった。

冷水峠を分水嶺に東西に分かれて、東から北に向って流れる穂波川は、飯塚で嘉麻川と合流し遠賀川となり、西から南へと流れる山家川は、柴田川と合流し筑後川に流れこむ。四〇〇年の幾星霜、変わらぬものは、この小川の流れくらいだろうか。両岸のブロック石垣、砂防の堰など、形は変化しても流れる水は古のまま。江戸時代の大名行列、旅人の人情風俗をみてきて、旧道を歩いてみてそぞろ感慨にふける。

内野から冷水峠へ上る石畳みの道は、江戸からの中山道と同様に、全国でも最重要のものであり、今後の整備保存が大いに望まれる。

大名の行列の順序を史書により抜粋すると、藩により多少の相違はあるが、槍持は大名により二人とか、四人、福岡黒田家、肥後加藤家等、特に有名な槍を持つ大名は六人もいたとある。

まず一番先に前駆という髭奴、金紋先箱、槍持、徒士となる。次に中備、大名の籠、警団の馬廻り、近習刀番とつづき、後備に草履持、傘持、茶弁当、牽罵、騎乗士が殿様をかためる。飯米、副食物は勿論のこと布団、食器、風呂桶、将棋盤まで携行した。

大体、江戸時代初期、徳川家康が、各大名に配した軍役の人数は、一万石当り三〇〇人を基準とした。したがって家臣の数は、留守を守る侍も必要だから四〇〇人以上いることになる。家臣も石高により一〇〇石当り三人となり、家族はその外に下男下女と大人数となる。五〇〇石ならその五倍、一〇〇〇石取りはその十倍。秀吉の朝鮮出征も、一万石当り三〇〇人ほど出兵している。戦国時代は功名を上げるためには、それ以上に強い家来を数多く集めた。

土佐二四万石の山内一豊は、初めに、織田信長に仕えていたころは五〇石で、三人の仲間を連れて戦場に出、決死の働きで運よく敵の大将首をとり、また、重傷の身で秀吉の殿軍を勤むるなどして、ようやく二〇〇石取りに出世した。家来も騎乗士二人、徒士五人と増やした。ついでに記せば江戸時代、一〇〇石以上が騎乗士で、上士と言って殿様に直接お目見えができ、それ以下は徒士

内野宿の町並み。
［写真上から］
◆長崎屋　脇本陣。
［写真／撮影：1999.12.11］
◆伊藤家
［写真／撮影：2000.3.22］
◆麹屋
［写真／撮影：2000.3.22］
◆松屋
［写真／撮影：2000.3.22］

で、下士と言い直接お目見えもできない。その下に足軽、仲間が大勢いて戦場へも出た。戦場で過分の働きをし、大将首でもとれば士分にとりたてられる。

庄屋、茶屋守はその土地の郷士とか、名ある武家、名門の武家の一門、その藩に功労のあった武士の子等が仰せつけられた。もちろん苗字はあるものの、内野宿で明治以前に苗字の許されていた家は三軒だけだった。

お茶屋や脇本陣は、苗字帯刀御免で（庄屋も苗字御免）威厳と気品を備えた家構で、堂々とした門構えに敷台を備え、広々とした玄関でなければならない。普通の旅籠屋は、門構えや玄関を設けることは許されない。また、大名は本陣か脇本陣以外に泊まることは禁じられていた。宿場町には、町方庄屋と村方庄屋と二軒の庄屋があり、宿場守（町茶屋守）という宿場役人がある。庄屋が宿場守を兼ねることもあり、内野宿ではそのようであった。

常時、本陣の管理、お茶屋の亭主として殿様の宿泊時はすべて面倒をみなければならず、宿場一切の責任を持たされている。宿場守は、脇本陣の薩摩屋か長崎屋の二名で町役人とよぶ。

大名行列が通る前には、早くは二箇月前、急なときでも三日前ぐらいには各宿場守に通知される。その日の宿場守は、街道の要所要所に手代を遠見に出し、手落ちのないように万全を期す。冷水峠、上西山あたりに出していたのだろう。

宿場の入口、構口に関札（宿札）を立てる。「薩摩宰将様御宿」あるいは「柳川侍従様御宿」などと書いた、厚板の大看板を立てる。その日は往還は掃除し、お見通しよくして、荷車等を置いてはいけない。道筋の二階は窓を閉め万事物騒しくしてはならない。

行列が宿場に入るころから、半丁程（五〇メートル）前を青竹を待った足軽が無礼のないように「下にー、下にー」と知らせてゆく。町別当（庄屋）茶屋守は麻裃、白足袋に白扇を携えて、構口に平伏してお出迎えして先に立って本陣へ案内する。本陣門前から玄関までは、前日に白砂をしき、御幕張方が大名家の定紋の入った紫色の幔幕を張る。殿様は上段の部室に脇息、火鉢、屏風、床の間には家宝の軸物を懸ける。ときによっては家族のお目見えが許される庄屋、茶屋守の嫁、跡取、子女らにお言葉を給わる。

家老や重臣は脇本陣、足軽や仲間は下宿と言って各旅籠に分宿する。宿場守は前もって野菜等の副食物の調達、その他、名物、果物等献上し、殿様のお覚え、めでたくしておかねばならない。また、荷駄の必要のときは、次の宿駅までの馬次の手はずも整えねばならない。

春三月は大名の参勤交代期で、街道は上り下りの大名行列が重複したりして混雑をきわめたという。薩摩等の大藩は共揃えが四、五〇〇人もいて、重複しないように前もって連絡し合っていても、街中は大へんなものであったそうである。九州の大小名は、ざっと数えても三〇家、福岡、小倉、中津、日田、唐津、松浦藩をのぞく九州の大半の大小名と長崎代官がこの長崎街道を使用した。宿泊でないときは、昼食を本陣に入るか二軒の脇本陣を使うかした。（此処から、江戸は三〇〇里、通常の旅人で約一箇月、大名行列では二箇月かかった）

島原の乱のときが一番混雑したと史書に残っている。上使等度々往復し、黒田忠之も江戸在で、江戸から直接に島原に駆けつけんために内野に一泊している。泰平の世になっての突然の戦で、上方大名の一切西下、長崎街道は軍馬で充満し、各宿場に軍勢はあふれて野営するなどと大混雑だったという。

［ももどみすすみ］

※本稿は『嘉飯山郷土研究会会報』第六号 内野宿史考 百富宅史（進美）著を一部改稿して掲載した。

◆冷水峠の風景　地蔵堂から上は急な斜面が続く、この辺りになると羊歯類のオシダ、タニワタリ、ヤブソテツが谷を埋め、山側にはこの時期、マタタビが乳白色の花を咲かせ、山の薫りも良く、爽快な気分で散策できる。[写真上／撮影：2000.6.13]
◆石畳みの道　土に埋もれて見えなくなったところもあるが石畳みの道は荒田から郡境石のある大根地神社の鳥居まで続いている。[87頁の写真／撮影：2000.9.18]

Chapter 9

長崎街道シリーズ
大里・小倉と筑前六宿
Hiyamizu-goe

冷水越え

文責◆**大町秀一**　［内野ふるさと創生会事務局長／内野郵便局長］
Ohmachi Syuichi

内野宿・冷水《ひやみず》越建設

内野宿の建設については「慶長十七年（一六一二）毛利但馬被命内野被建」と福岡藩記録にあり、冷水峠の開通は、慶長の末ごろから、寛永の初めころではなかろうかといわれている。

九州の箱根ともいわれるこの冷水峠の二里二〇丁は長崎街道随一の難所であった。建設を命じられた毛利但馬は黒田二五騎のひとりで、筑前今様黒田節にうたわれている毛利(母里《もり》)但馬守友信である。しかし、毛利但馬は同年大隈に移封になったので、引き続き内野太郎左衛門が建設にあたった。

慶長五年（一六〇〇）関ヶ原の戦に大功をたてた黒田長政は、筑前国を拝領し、同年十二月十一日豊前中津から名島城に入城した。この筑前入国時に、近在の土豪とともに内野太郎左衛門(大庭彦二郎)は豊前国境の鳥尾峠まで迎えに出て駿馬を献上、その返礼に関兼房の脇差を賜り、長政の御供をしたという。慶長十二年(一六〇七)には長政より内野村内に知行一〇〇石をあてがわれた。

このときに地名を以て内野太郎左衛門の名を賜り、三万石（異本に一万石）の代官并狩奉行を命じられたという。このように軽輩の太郎左衛門が内野宿建設、冷水峠開鑿という藩の大事を任されたのは長政の厚い信任があったからに他ならない。

長崎街道のルートの変遷

さて、この冷水峠のある長崎街道は、時代の中でその道筋も変化している。内野宿から冷水峠の登り口（現在の地名で筑穂町内野字荒田。ＪＲ筑豊線冷水トンネル入

◆榮梅講中の道標
内野宿の長崎街道との分岐点に建っている。右の側面には「太宰府天満宮米山越道」の銘が刻まれている。
[写真/撮影:2000.3.22]

り口付近)についても大きく変化している。正保年間(一六四四～一六四八)の筑前図(福岡県史料)をみると内野宿の老松神社(内野字関屋)を少し過ぎて(この付近の字を大門という)街道は左へ曲がり穂波川を渡っている。渡ったところの付近の字を古門というのは、何かの名残と思われる。道はそのまま川の東側を通り、冷水峠の登り口の鳥居の荒田付近で再び川を渡り峠へと続いている。

この正保の図から約四五年後の元禄年間(一六八八～一七〇四)の筑前図をみると、内野宿を出て道は曲がらず、穂波川の西側をそのまま冷水峠へと続いている。現在、この関屋から、荒田付近以外の内野(宿)内から関屋まで、および荒田から冷水越の道は、ほぼ元禄年間そのままのルートである。

関屋から荒田間については、国道建設や数度の改修工事、および鉄道建設で大きくその姿を変えているが、旧字図、地籍図等から伊能忠敬が測量した当時のルートは、ほぼ解明できる。冷水越(荒田の大根地《おおねち》神社の鳥居から峠道が始まる)は、現在も石畳道が残っているが、明治以降も何度か改修工事がなされている。

この長崎街道の冷水越は、大正九年に県道(現在の国道二〇〇号)としての冷水峠ができたことにより、メインストリートしての役目を終えた。それ以降、大根地神社の参道、農林業道として利用されており、最近は、また長崎街道を歩く人々が訪れるようになった。

◆老松神社 [写真/撮影:2000.9.1]

◆大根地神社荒田の鳥居
[写真/撮影:2000.9.1]

冷水越逍遥

長崎街道を内野(宿)から、郡境石と大根地神社の中腹の鳥居のある冷水峠まで歩いてみる。

飯塚宿から内野宿まで三里七丁。内野宿より山家宿まで二里二十丁。内野宿の東西の構口間は約六〇〇メートル。中央付近で本陣へ道が逆T型に西に向かっている。

この道は本陣の脇を通ってスダワラ越を通り、米ノ山峠を経て太宰府へ通じていた。福岡藩の歴代藩主はこの道を利用し、内野宿を本拠として山口(筑穂町山口)付近等で何度か猪狩をしたという。また、太宰府参詣の道ともなり「太宰府天満宮米山越道」(嘉永二年)の石碑が街道から本陣への道の角に建っている。この道は現在、途中から通れなくなっており、今後、遊歩道等として整備されるのを願っている。内野宿場内の道幅は、江戸時代そのままであり、数軒残る江戸時代の建物は、宿場時代の面影を偲ぶことができる。

内野宿出立

さて、冷水峠へと内野宿を出立。山家側の構口を出ると約一〇〇メートルで老松神社に出る。

この神社の境内に、内野太郎左衛門の功績を称えた石碑が建立されている。この老松神社は宝暦二年(一二四八)建立。ここから約一〇〇メートルで道は二つに分かれる。右が街道で二五〇メートル進むと国道二〇〇号に出る。長崎街道は、まっすぐ国道を横切り、先で右に曲がり何度かカーブを繰り返し、西側の山裾と穂波川の間を進む。しかし、現在は通れない箇所があるので、ここを横切らず国道の右側の歩道を進む。

現在、国道は四車線のバイパスとして新設されている。歩道を進み、発峠のバス停を過ぎて、約一〇〇メートルの所にある車進入禁止の標識の横から旧国道へ入り、さらに歩いて行き、この旧国道を進みJR筑豊線のガードをくぐる。数十メートル進んだところで右側から出てくる道に出会う。この地点に近年まで大きな松が残っていた。この道が旧長崎街道で、逆に内野宿の方へ戻ると田んぼのふちを通り鳴子川を渡り、すぐ右に入る畦道を進んでいき、ここでJRにぶつかる。ここから先は、わかりにくいが先程の進入禁止の標識あたりにつながる。

もとに戻る。松の木があったあたりから旧長崎街道と重なる。冷水峠へ山裾の旧国道を進んでいくとバイパスの真下で道が二つにわかれる。ここを左側に進む。道の左下は穂波川が流れている。ここでバイパスから降りてきた国道二〇〇号の冷水峠へ向かう道に出会う。歩道をさらに進むと荒田のバス停があり、国道の右側に大根地神社の鳥居がある。ここらあたりが内野字荒田である。この鳥居が旧長崎街道の冷水峠への登り口である。

◆地蔵堂付近の雪景色 坂道の上から地蔵堂を見る。[89頁の写真/撮影:1999.12.21]

◆地蔵堂付近の景色　薄暗い峠道も地蔵堂付近にかかると陽が木陰の中を照らし、羊歯類の伸ばしたばかりの葉を透かして、息を飲むようなグリーンの世界を見せてくれる。［写真上／撮影：2000.5.20］

◆地蔵堂横の石橋　この下流側の側面に設置年「文政６年（1823）」が刻まれている。写真はオールコックがスケッチした風景のアングル。［写真右／撮影：2000.5.20］

◆地蔵堂横の石橋　上流からの風景。遠賀川の源流の一つである、ここの水は、真夏でも大変に冷たく、冷水の名前の由来となっている。石橋は設置年から想像するとオールコック、シーボルトは通ったことになる。［91頁の写真／撮影：2000.9.18］

◆地蔵堂　右のお堂の中に、首無し地蔵が祀られている。［写真／撮影：1999.12.11］

石畳道・首なし地蔵と、駐日公使オールコックの印象

国道を渡り、鳥居をくぐって進む。街道の左下はＪＲの筑豊本線が通っている。道は人家を右手にみて横を通り、ＪＲのトンネル入口の上を通り、もう一軒の人家を左手に見て進む。ここらあたりから坂道となる。少し進むとカーブとなり、石畳の道が始まる。

石畳の道の最初は、竹林の中を進む。このあたりは、土砂がかかることもなく石畳は、はっきりと出ている。

先ほどの鳥居から、ゆっくり歩いて二〇分くらいで道が二手に分かれる。街道は左手を進む。それから、すぐに民話となっている首なし地蔵の前に出る。この地蔵のほこらの横に大きな榎の木がある。これは一里塚の跡といわれている。また、この祠の横を清らかな小川が流れていて、多くの旅人がのどを潤し、旅の疲れをこの小川の冷たい水で癒している。この峠道を冷水越というのは、この小川の冷たい水が名の起こりといわれてる。イギリスの初代駐日公使オールコックが、その駐日中の、三年間の記録を表した著書『大君《たいくん》の都《みやこ》』のなかで、長崎から江戸への旅の記録で次のように、この冷水越を書き記している。

「七日目に内野へゆく途中で通過したところには、画家がえがくにふさわしい景色が多かった。ほんのすこしずつでも全部をスケッチするということは、明らかに不可能だった。だからこのように景色の美しいところが多いということはまことにじれったいことであった。道ばたには、木に囲まれた小さな祠があり、そこへゆくには谷川を渡るのだが、自然の手になるのか人の手になるのかその谷川のまん中に花崗岩の丸石がひとつあった。前

景に一群の日本人が腰をおろしていた、この祠の情景は、まったくたまらなくすばらしかった。（『大君の都』岩波書店／山口光朔 訳）と書き、またこの首なし地蔵堂のほこらをスケッチしている。時に文久元年四月三十日（一八六一年六月八日）の午後のことである。

　さて、この文中に描かれているほこらの前の石橋。この石橋は現在ある石橋と同じものである。この石橋の下流側の側面に「文政六未秋新規仕居」（文政六年は、一八二三年）と刻まれている。

◆地蔵堂横の石橋に刻まれている銘
［拓本作成：大町秀一／縮小率：35％］

このオールコックが渡った石橋を渡って、峠へと登っていく。

左側は杉木立、右側は雑木林のなかの石畳を歩いていると、ふとタイムスリップして、江戸時代の旅人になって坂を登っているように思われてくる。

首なし地蔵から、十数分で峠に到着する。

冷水峠

この峠には「従是西御笠郡」および「従是東穂波郡」の二つの郡境石が建っている。ここから下って六分くらいで国道二〇〇号線に出る。さらにまっすぐ下って行くと山家宿へと向かう。

　国道の左へ行くと内野へ戻るが、そちらに三〇〇メートルほど行ったところの国道のすぐ右側に「牧の内」というところがある。ここは江戸時代、黒田藩の牧場で馬を育てていたといわれている。

　この峠は大根地山の中腹にあたり、山頂には平成十二年に建立一八〇〇年を迎える大根地神社がある。歴代の黒田藩主もこの大根地神社を信仰したという。先ほどの郡境石の横の石段を登ると無記名の鳥居がある。この鳥居は宝永二年（一七〇五）に、藩主黒田綱政公が大根地山で狩のとき不測の御霊験を感じての寄進で、そのため無記名といわれている。

　大根地山頂からは福岡タワーなども見え、すばらしい眺望である。山頂までゆっくりで約一時間三〇分位で大根地神社に到着する。

シーボルトも通った冷水峠

　今、歩いてきた、この長崎街道は、参勤交代の諸大名、長崎奉行、幕府高官、オランダ商館長、日本地図作成のために歩いた伊能忠敬「一行は文化九年（一八一二）二月三日飯塚から内野を測量、本陣大庭長兵衛、別宿薩摩家宅治、小倉家左助方に宿泊。翌、四日内野から冷水峠を経て山家を測量」、シーボルト、吉田松蔭らが歩いている。

　寛永十四年（一六三七）の島原の乱では、長崎街道は人馬で混雑したといわれている。江戸より出陣した黒田忠之は黒崎から冷水越を選んだ。このとき内野太郎左衛門の息子重成も四四人で御供をして出陣し、御側廻りに詰め、鉄砲の者は射術にすぐれ城兵を多数討ち取り、称誉として金子を賜った。太郎左衛門自身も陣中より召寄により七人で出陣したという。また、街道を歩いた彼らのなかには、旅日記などに前述のオールコックのように内野や冷水峠について記述しているものもいる。

　長崎・出島のオランダ商館医員として派遣されたシーボルトは医者としてだけでなく天、文、地理、博物学者としても優れていた。彼は文政九年一月九日（一八二六年二月十五日）、オランダ商館長に従い長崎を立ち江戸へ向かった。その紀行文『江戸参府紀行』には、内野付近についてのこと、原田宿付近で芥子菜を見たこと、山家宿の手前で見たカワウソについて記述し、宿泊した山家宿で宝満岳の鉱物コレクションを見たこと、宿泊した本陣の建物について記述した後、二月二十日の項では宝満・冷水等の岩石について述べ、その後日本の植物について四季折々の様子について多く記述した後、冷水峠について次のように記述している。

　「われわれは山岳地帯へ深く進むにつれて、絶え間なく降る雨のために、道はいっそうくるしくなってきた。人馬の敏捷さと確実さは驚くほどであるが、細く険しく滑りやすい山道をよじのぼるのは気の毒であった。もしさきに述べた履物がなかったら、こういう道で荷を運ぶことは人馬にとって不可能であろう。それゆえ藁靴はこの国では皮靴や蹄鉄では代用できない必需品である。……中略……われわれは冷水峠の山の背にある宿で休み茶菓を喫した。古いしきたりによって宿の主人は使節に土産を贈って歓待した。それは杉の木のちいさい板の上にきれいに並べたキジと卵で、われわれを酒宴に招いた。……以下略（『江戸参府紀行』東洋文庫／斉藤信 訳）」

　この後、キジとヤマドリについて述べた後、長尾（筑穂町長尾）で出会った少年のことや飯塚付近の風景等を記述している。

［おおまちしゅういち］

内野宿・冷水峠 周辺の地図。この地図は、国土地理院発行の２万５千分の１地形図（大隈／太宰府／二日市／甘木）をつなぎ、89％に縮小して使用したものである。

＊77頁の図の下部に続く

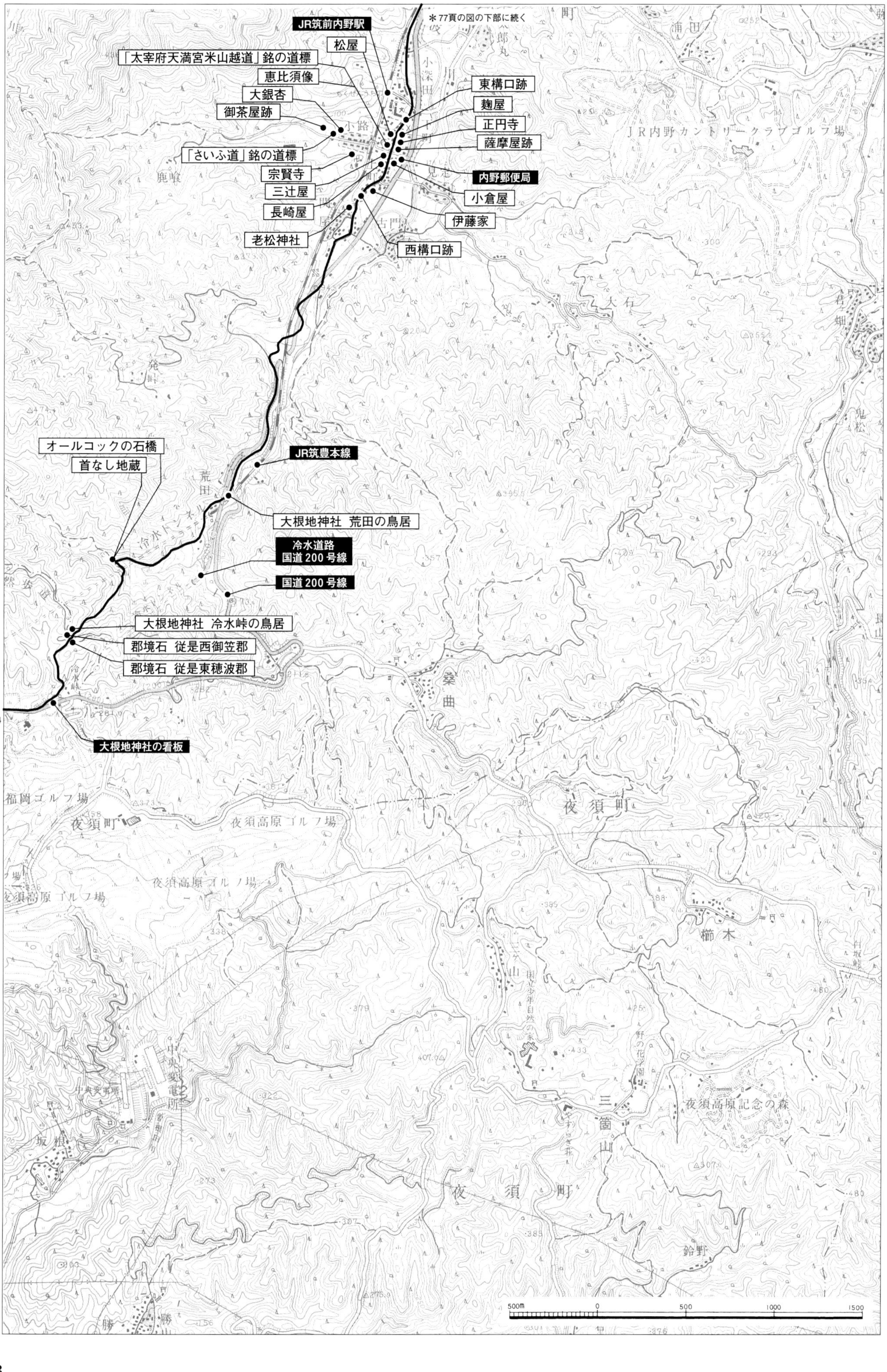

＊104頁の図の右側に続く

◆冷水峠の郡境石
「従是東穂波郡」銘。[写真上右／撮影：2008.5.17]

◆冷水峠の郡境石
「従是西御笠郡」銘。[写真上左／撮影：2008.5.17]

◆大根地神社
大根地神社および大根地山頂からは筑紫の風景の四方が見渡せて素晴らしい眺望である。大根地神社の境内には茶店が２軒あり、うどんや飲物、それに御土産が販売されている。
[写真左／撮影：1999.12.8]

◆大根地神社の冷水峠の鳥居
この鳥居の前に２つの郡境石がある。鳥居の階段を上り、１時間 30 分ほど山を登れば大根地神社の本殿に到着する。
[写真上／撮影：1999.12.8]

◆茶釜石
形状が茶釜に似たことから、旅人の目印となった「茶釜石」は『筑前国続風土記拾遺附録』に書かれている。現在、国道200号線の第八カーブの所に球形の大岩があり、これを茶釜石といっている。[写真／撮影：2000.5.14]

Chapter 10
長崎街道シリーズ
大里・小倉と筑前六宿
Yamae-syuku

山家宿

文責◆深町希彦［山家の史跡等を守る会 事務局長］
Fukamati Marehiko

冷水筋

内野宿と山家宿間を、当時、冷水筋と称した。長崎街道の中でも特に険阻な冷水峠があったからである。この冷水筋について、御笠郡二日市村の庄屋であった帆足甚三郎が庄屋役引退後の正徳四年（一七一四）に記録した『二日市宿庄屋覚書』に「山家冷水道と申す道、古来これなく候。桐山丹波様山家御知行の時、御家来志方彦太夫と申す仁、山家住宅にて候。かの仁、山家より内野までの間そろそろ道を広めさせ申され候由、福岡へ相聞こえ段々道を作らせ冷水道でき仕りたりと古老の者申すを承り申す。云々」とある。

こうして開通した冷水筋は、まもなく制度化された参

◆長崎街道（左）と国道（右）
冷水峠への上西山側の出入口。500m進んだ峠に郡境石２基が建っている。
［写真左／撮影：1999.12.11］

◆上西山の猿田彦大神
［写真上／撮影：2000.1.16］

◆上西山茶屋原の風景
長崎屋、吉野屋と続く。
［写真右／撮影：1999.12.11］

勤交代の道として、九州の諸大名に利用されたのである。早いところでは寛永十五年（一六三八）正月、知恵伊豆と呼ばれた老中松平信綱の軍勢約一三〇〇人、騎馬五〇余騎がこの冷水筋を通っている。

冷水峠から上西山（茶屋原村）

冷水峠に郡境石が立っている。「従是東嘉麻郡《これよりひがしかまぐん》」、「従是《これより》西御笠郡《にしみかさぐん》」と彫られている。また大根地《おおねち》神社の鳥居が立っていて、毎年初午の日には参詣する人で賑わっている。大根地神社には狐にまつわる寓話がのこっており、地名説話にもなっている。

冷水峠に茶店が三軒ばかりあって、大正のころまで飲み物や食べ物を売っていた。ここの茶店の名物は「白おこわ」で、うまいという評判をとっていた。蒸した餅米の上に、地鶏の肉をあられ状にしたのを振りかけたものという。

茶店跡を出て下ると、赤土の坂道となる。この坂道も内野側と同じように昔は石畳道であったが、戦前に大根地山の頂上に逓信省の無線中継所を造るときに、資材運搬のため道路が拡張され、石畳は邪魔ということで全てはぎ取られてしまった。いまにして思えば惜しいことであるが、当時としては止むを得なかったであろう。

坂を下ると国道二〇〇号線に合流するが、大型車輌の通行がはげしく、身の危険を感じながら行くと、上西山集落がある。昔は山家村茶屋原村といった。ここに茶屋があったためで、吉野屋、長崎屋、肥前屋など四軒の旅籠と木賃宿があった。雨や雪などのために峠を越すことができず、必然的にできた旅籠である。

文化九年（一八一二）二月四日、伊能忠敬の測量隊の後手組は、内野宿から測量を始め、茶屋原村の吉野屋まで測り、先手組は吉野屋から山家宿の追分石まで測ったと、測量日記に書いている。

安政六年（一八五九）長岡藩の河合継之助もこの街道を通ったことが『塵壺』に書いてあるが、「山上一〇町許り手前（茶屋原村）に太閤の赤飯あり。小さき茶碗一杯十六文、高しというべし。云々」とある。白おこわと赤飯の評判は対照的である。

茶屋原村の西、大根地山腹に、甕冠神社がある。創建時や祭神は不明であるが、御神体は自然石で、寛文十一年（一六七一）卯月八日、平島与兵衛と記した大甕が御神体に冠戴してある。これがために甕冠神社と称されているが、延文四年（一三五九）肥後の菊地武光が大保原・花立山の合戦の際、戦勝祈願をしたと伝えられている。今は開運の神様として尊崇を受けている。

上西山から鍋峠、浦の下

上西山の集落をぬけて下ると国道二〇〇号線第八カーブがある。このあたりが『筑前国続風土記拾遺附録』に書かれている「四寸岩」あたりであるが、それらしいものは見当たらない。また同附録に「茶釜石」も書かれている。形状が茶釜に似たことから、旅人の目印となったのであろう。現在、第八カーブの所に球形の大岩があり、これを茶釜石といっているが、土地の人は、元々はそこにはなかったという。道路工事の際にその場所に移動させたとか、表裏が逆になっているとかいうが定かでない。

砂釜橋を渡って下ると鍋峠の入口にかかる。『筑前国続風土記』に景勝として「大鍋・小鍋」が書いてあるが、今は国道二〇〇号線の橋の下になって昔の面影はない。鍋峠は、冷水峠に次ぐ難所で、細々ながら旧道の面影を残している。鍋峠の一番高い所は国道二〇〇号線の改良工事の際に削り取られている。鍋峠を下ると茶店があって、ひと休みするには絶好の所であったが、二〇〇号バイパスによって跡形もなくなった。

このあたりから戦前は街道の松が実在していたが、戦後に松喰い虫のため枯死してしまった。下西山大橋を過ぎると、二〇〇号バイパスの無料休憩所があるが、その先の道路端に金剛界大日如来を表す種子「バーンク」を刻んだ石碑が立っている。昔はこの坂を椎木坂といっていたが、大日如来碑があることから大日峠というようになった。文化二年（一八〇五）幕臣太田南畝が長崎勤番を終えて江戸に帰府する際の旅行記『小春紀行』に「これより名に負ふ冷水峠にかかれば、輿を下りて徒歩よりゆく坂あり。大日峠という。道の左の岸に大きなる石ありて梵字彫れり。もと二つありしが一つは谷に落としとい

◆冷水筋の鍋峠
鍋峠は、国道200号線が開通する際、写真に見られるように、まっ二つに割られて街道の上の部分が削り採られて消失してしまった。街道は画面の右側を登り進み、左に曲るところで消失部分に遭い、道が途切れるが10数メートルほど行くと、また道が国道200号線の崖の側から出現する。奥村玉蘭の『筑前名所図会』に書かれている「大鍋小鍋」の蛇行した沢の景勝は、稜線上の消失した高い箇所があれば良く見える風景と思われる。左側の崖の脇をよじ登ったり、国道の横に張付いて撮影したが、そのすぐ横や下をトラックがスピードを上げて次々と通るのでかなり危険であった。［写真上／撮影：2000.6.26］

◆砂釜橋付近の風景［写真上／撮影：2000.5.14］

◆大鍋小鍋［写真上／撮影：2000.6.26］

ふ」という記述がある。

　石碑は、往時現在地より約二〇メートルほど上に立っていたが、道路工事により移転した。

　大日碑より西約五〇メートルの雑木林の中に「比翼塚」という二基の墓石が相添うようにある。

　一基には「法受院釈還誠霊」とあり、裏に「豊前中津、三十郎」と彫られ、もう一基には「信受院妙日信女」と彫られている。

　『筑前国続風土記拾遺』に切害塚として採録されていて「安永九年（一七八〇）庚子三月十八日、山家駅において奥平大膳太夫殿家臣渡辺金十郎、妻仇荒井三十郎夫婦を殺害す。福岡藩より検死及び警護に出る」とある。このとき中津藩から検死として福澤友米等が来村している。福澤友米は福澤諭吉の祖父である。のちに、この妻敵討ちを題材として、大衆作家の長谷川伸が『日本妻敵討十一番』として連載している。

　ここを下ると左砥上岳の山麓に御手洗瀧がある。三段の清流の瀧で、傍らに観音堂があった。『筑前国続風土記』に名勝として書かれている。幕末に五卿落ちで太宰府に来ていた三条実美が、浦ノ下の豪農山田家に立ち寄った折、この御手洗の瀧を見物して和歌を詠んでいる。山田家の離れ家「洗心亭」は、この和歌から名付けられたものである。

　この山田家は細川本陣宿ともいわれ、肥後細川藩主が陸路長崎街道を通るとき、屡々本陣宿としたためで、什器類等拝領の品々が保存されている。今でも屋敷は石垣をめぐらしてあるが、福岡藩の倹約奢侈禁止令の煽りにあって、百姓の分際でもってのほかであると取り壊しの藩命があったが、細川公の執り成しによって沙汰止みとなったという逸話がある。

　山田家の向かいに分家があるが、山田本家の九代目孫右衛門が、明和四年（一七六七）の春、隠居所として建てたもので「不老亭」と称した。この不老亭には明和八年（一七七一）の二月と四月の二回、福岡藩主黒田治之が立ち寄っている。不老亭の庭園は七福神に見立てた石組みが配置されていて、有名な文化人や三条実美等も立ち寄って、庭園を鑑賞している。

浦の下から東構口跡

浦ノ下から山家コミュニティセンターまで長崎街道は、ほぼ国道二〇〇号線と重なっている。その先に山家小学校があるが、その北側に山家宝満宮の参道がある。

　山家宝満宮の祭神は、主神が玉依姫で神功皇后、応神天皇を併祀されている。社伝によれば、御笠郡の総社とあるが、延喜式神名帳にないところから創設はそれ以降であろう。永正十八年（一五二一）筑紫下野守満門が施主となり、家臣の砥錦藤兵衛をして再建させた棟札が残っている。また天正十四年（一五八六）小早川隆景が神領として、田一町五反歩を寄進しており、再三、福岡藩主により社殿の修復などが行われている。

　宝満宮には、毎年十月十七日に岩戸神楽が奉納されているが、この神楽は筑紫野市の無形文化財に指定されている。

　筑豊本線の踏切を過ぎると、左手に「井上政次郎先生顕彰碑」が立っている。明治四十年代に山家村が無医村になったため、大川市榎津から村医として招き、村民の診療にあたり校医として児童の健康に尽力された。大正十四年脳溢血のため斃れ不帰の人となった。

　その功績を顕彰するため村民が建てたものである。

　山家宿東構口が設置された時期は、記録がないので、はっきりしない。その形状が西構口と同様なのかどうな

◆梵字石
地元では大日様とよんでいる。[写真上／撮影：2000.4.9]

◆下西山の風景 [写真左上／撮影：1999.12.8]

◆比翼塚
大日坂と、冷水有料バイパスの間に挟まれた森の中に、ひっそりと寄り添うように並んでいる。
[写真左／撮影：2000.4.9]

◆山家宝満宮
慶安、元禄、天明年間に黒田藩主たち内殿、拝殿、神楽殿などを建立している。現在の拝殿は弘化２年（1845）の再建。[写真下／撮影：1999.12.21]

◆細川本陣
浦ノ下の山田家は、肥後細川藩主が長崎街道を通るときに本陣宿としたため細川本陣宿ともいわれる。
［写真上／撮影：1999.12.8］

◆猿田彦大神
街道は山田家の前を通っている。この道標は山田家の石垣の左端に見える。［写真右／撮影：1999.12.8］

のかもわからない。構口の跡らしきものも残っていないので、あるいは木戸のようなものであったかも知れないが、何らかの構造物があったようである。

この構口の外側の左端に「一字一石法華塔」が立てられていた。道路拡幅のため芳野家の裏に移されたが、宅地開発のため現在地に再移転した。

「一字一石法華塔」は、芳野惣市《そういち》が原采蘋《はらさいひん》と水城正蔵のためと、父母の追福のために立てたものである。

◆一字一石法華塔
［写真左／撮影：2000.4.9］

筑前山家宿

筑前山家宿は新町、横町（仲町ともいった）、上町の三町からなっている。町の名が示すように初めに上町が出来て、その横に町が出来たので横町といい、山家宿の発展に伴い新しく町並が出来たので新町と称するようになったが、この新町の出入口に東構口が設けられていたようである。

この構口の裏側に、代々大庄屋を務めた近藤家の大庄屋役宅跡がある。四代近藤弥九郎、五代近藤宅蔵、六代近藤弥八、七代近藤良七、八代近藤良平と五代九十余年間大庄屋職にあり、大庄屋役宅としてここで職務を執行していた。

大庄屋役宅に長屋門があったが、大庄屋が武家屋敷と同じく長屋門を建てていたのは珍しいことであった。長屋門は最近まで建っていたが、老朽化が甚だしく危険な状態となり、平成八年の台風で倒壊の恐れが出たので、解体保管し、時期をみて復原する計画がある。現地に解体前の写真が掲示してある。

明治四年十二月五日、長崎街道を基幹として郵便取扱所が開設されたとき、山家宿の郵便取扱事務を近藤弥十郎が受けて、上町の「中茶屋《なかんちゃや》」（※山家では、このように言いならわしている）に山家郵便取扱所が開設され、明治二十二年四月一日、近藤伝三郎局長のときに、この長屋門に局を移転し、昭和五年十二月二十七日まで郵便取扱事務を行った。ここから二日市及び博多郵便取扱所へ、また甘木及び小石原郵便局取扱所へ逓送している。山家宿が追分宿として重要な位置にあったことがわかる。

◆ 筑前名所図会／山家驛　奥村玉蘭筆（福岡市立博物館 所蔵）

新町の中ほどに桃渓山西福寺がある。西福寺は真宗西本願寺派の寺院で、元和八年（一六二二）久留米藩領三潴郡大隈村（現久留米市）に開基建立された。しかし、久留米藩主は西本願寺座主とのいざこざが原因で、領内の西本願寺派の寺院は東本願寺派に転派を命じ、転派に応じない寺院は領外退去を命じた。西福寺の住職玄誓は転派に応ぜず、御笠郡山家村の桃谷に移り、後現在地に移転した。山家村に移って来た時期は、筑紫野市史年表によれば、正保四年（一六四七）となっている。

境内に鐘楼があり、その傍らに「冷水隧道工事殉職者弔魂碑」が建っている。昭和三年六月三十日の建立で、裏に殉職者名六名の名前が刻んである。

山家宿問屋跡は西福寺から約一〇〇メートルほど南にある。問屋で取り扱う業務は、長崎奉行、参勤交代の諸大名の行列、日田郡代、公務の幕吏および、それに準ずる者に対する人馬の供給で、問屋が一番神経を使ったのが大通行といわれた大藩の大名行列と、公金の輸送等であった。問屋には人足、宿馬の常備が定められ、裏には人足部屋と称する建物や馬小屋、駕籠小屋等が建っていた。

坂を上った所に横浜金属商事の福岡支店があるが、ここが山家宿の「下茶屋《しもんちゃや》」跡である。町茶屋で屋号を薩摩屋と称した。茶屋守りは山田家が代々世襲していた。延享三年（一七四六）八代弥助が茶屋の裏に隠居所を建て庭園を築き「介于亭」と称した。名付け親は、福岡藩の

◆**恵比須石神像**　石像の背面に山家宿の成り立ちの年代等が彫られている。［写真上／撮影：2000.3.22］

◆**郡屋土蔵**［写真上／撮影：2000.3.22］
◆**灰屋（堆肥小屋と裏門）**［写真下／撮影：2000.3.22］

◆**東構口跡付近**［写真上／撮影：2000.4.9］
◆**穀蔵**［写真下／撮影：2000.3.22］

郷学教授だった島村晩翠で、「介千亭記」を書いている。

　文化六年（一八〇九）十月、天山烽火場勤務の亀井昭陽の「峰山日記」に「介千亭」を訪れたことが書かれており、文化九年（一八一二）二月四日、伊能忠敬測量隊が分宿した記録がある。また同年二月十九日にはシーボルトが江戸参府の途次、ここで珍しい鉱物のコレクションを見たと書いている。天保三年（一八三二）四月二十五日薩摩屋に泊った高木善助の『薩陽往返記事』に、「この家の裏の隠居所に名高き白石あり。乞うて見物す。」と書いているが、オランダ石といわれた石英の庭石があった。今は人手に渡ってなくなっている。

　現在は国道二〇〇号線が突き抜けているが、昔は直角に右に曲がって旅籠街を形成していた。屋号の判明している旅籠は一二軒ほどある。

　「下茶屋」から約五〇メートルほど行った右手に、山家宿郡屋がある。山家宿探訪者のための駐車場があり、山家宿全体の案内図が立っている。駐車場を入ると郡屋守りの住居があるが、当初は水崎家が郡屋守りをしていた。後、水城家が代々世襲してきた。

　郡屋は主要な宿場に設けられていて、御笠郡では山家宿、原田宿および二日市宿に設けられていた。

　郡屋では、郡奉行の他に藩の役人が各村の庄屋、村役人等を集めて藩の命令などを伝達したり、山家宿を通過する長崎奉行、諸大名、幕府の役人の宿泊、休憩等に関する面約の割当などの打合せが行われた。

　郡屋の中庭に入ると屋敷図が掲示してあるが、郡屋を中心として穀蔵、稲家、灰屋、馬小屋、土蔵等が配置されている。郡屋は平屋建てで土間を中心として六部屋があった。

　土蔵は筑紫野市の文化財の指定を受けているが、総土壁造りで柱が一本も使われていない建物で、赤土に、ニガリを混ぜて固めた土壁からできている。

　上町のほぼ中央にある「中茶屋」は、町茶屋で屋号を長崎屋と称し、代々近藤家が茶屋守りを世襲してきた。

　文化九年（一八一二）二月四日、伊能忠敬が宿泊している。測量日記に「当宿近藤弥右衛門（挨拶に）出る」と書いている。

　中ン茶屋の一角に恵比須石神像がある。自然石に半浮き彫りの恵比須像は古風で、写実的である。この石像の価値は、裏面に彫られた碑文によるが、現在は風雪による磨滅で、判読も困難である。しかし、以前の資料によると、次のように彫られていた。

　「当初初建事、去慶長拾六年辛亥拾年上旬播之住人桐山丹波守　創造□□刻一基之石像　為国家安寧斯地長久□□　時寛永拾年□□□　志方彦太夫立之」
　□は磨耗のため判読できない文字である。即ち当山家宿の成り立った時期を記念した石像である。
　しかし、山家宝満宮の記録には、慶長十四年（一四〇九）に山家宿ができたと書いてある。これは慶長十四年に山家宿の町割りができ、慶長十六年に、ほぼ宿場としての体裁が整ったことではないだろうか。

　福岡藩の御茶屋について『筑前国続風土記』の総説に、元禄時代筑前国領内にあった福岡藩主の別館の所在地として、一九箇所をあげている。福岡藩ではこれを御茶屋と称している。管理は御茶屋奉行であるが、筑前六宿の御茶屋は代官が管理していた。

　御茶屋は藩主が領内巡視の際の宿泊、休憩所であるが、長崎街道を通る長崎奉行、諸大名および日田郡代の宿泊、休憩所にあてられていた。

　文久三年（一八六二）五月の「御出会達御間取絵図」が、当時の山家宿下代の家に残されている。文化九年（一八一二）二月十九日、江戸参府に随行したシーボルトの

◆西構口　当時の道幅がそのまま残されている。［写真右上／撮影：2000.3.22］

◆西構口（南東側）
［写真右中／撮影：2000.9.12］

◆西構口（北東側）
［写真左／撮影：2000.9.12］

◆山家宿下代屋敷跡
西構口の北東側にある。現在は四季折々の草花が植えられ見学者の目を楽しませている。［写真下／撮影：2000.8.10］

『東上日記』に、その豪華絢爛な様子が詳しく書かれている。

石坂昌三の『長崎から江戸へ象の道』に、享保十四年（一七二九）三月、徳川八代将軍吉宗に献上される象が二日間泊まったことが書いてある。前後の宿場に泊まった日から勘案すると、三月二十日と二十一日になる。雨のため冷水峠を越え難かったためであろう。地元には象が泊まった記録がないのは、誠に残念なことである。

この御茶屋を取り囲むようにして、下代屋敷が五軒建っていた。西構口脇の下代屋敷は現在解体され、復原される計画である。

下代屋敷の奥の高台に、山家宿代官所跡がある。最初、代官所は年貢の取り立て、宿場の治安、御茶屋の管理、宿場を通る長崎奉行、諸大名等を掌る役所であったが、後に年貢取立は免除されている。

山家宿の初代代官は、桐山丹波守孫兵衛で、慶長六年（一六〇一）三月十六日、黒田長政より「御笠郡において、其方に預け置く代官所として云々」の知行目録を受けている。

桐山丹波守は、黒田二十五騎の一人として黒田家四代に使えた功臣である。山家宿代官として宿駅の創設、冷水筋の開通等の功績があり、寛永二年（一六二五）三月十七日、山家村で没した。享年七十二歳。その墓所は代官所の裏山にある。

筑前六宿のうちで完全な姿で残っている構口は、山家宿の西構口だけである。構口は宿場の出入口に設けた独特の施設で、嘉永三年（一八五〇）長崎街道を旅した長州藩の吉田松陰の目に珍しく映ったとみえ、『西遊日記』に意見を書いている。西構口内に、「日本唯一閨秀詩人原采蘋塾跡」の碑が有志によって建てられている。

原采蘋は、秋月藩儒学者原古処の娘で、才色兼備の女性で、日田の広瀬淡窓も詩才の豊かさを褒めている。嘉永三年（一八五〇）七月、老母を伴い山家宿に私塾を開き、近郊の青年の教育にあたっている。安政六年（一八五九）二月、亡父の遺稿を上梓するため江戸に旅立ったが、途中萩城下で客死した。

西構口を出て西南に向かう道は、長崎街道で道幅は昔のままである。この道は大又で日田街道と交差している。

追分石は、調査により、その位置は西構口を出て二〇〇メートルほど進んだ字舟町と谷川との境付近に建立していたことがわかった。表に「右肥前太宰府長崎原田。左肥後久留米柳河松崎」と彫られ、裏には「問屋武作」と刻まれている。現在、追分石は、筑紫野市歴史博物館「ふるさと館ちくしの」の玄関内に移されている。

元治元年（一八六四）七月、福岡藩は浪人取締りのため、主要宿場一七箇所に関番所を設けた。福岡藩では関番所を、黒崎、原田及び前原の宿場に設けていたが、増設しなければならないほど世情が悪化していたのだろう。

最近、山家松尾屋の「満生文書」を整理中、山家宿大又に番所や関門を設置する計画図が発見され、山家村庄屋山田傳右衛門並びに組頭連著の「御笠郡山家村より指出を以て申し上げる事」という郡代役所宛の文書の写しも発見された。これには、関番所、関門および関役人の役宅の位置が描かれている。

また、長崎街道は原田往還として別道路であり、薩摩街道は松崎往還として別道路であったが、現在の長崎街道に一本化されたことが、この古文書で明らかとなった。

以上、冷水峠の郡境石のある大根地神社鳥居前から、山家の大又番所跡までで終わる。

［ふかまちまれひこ］

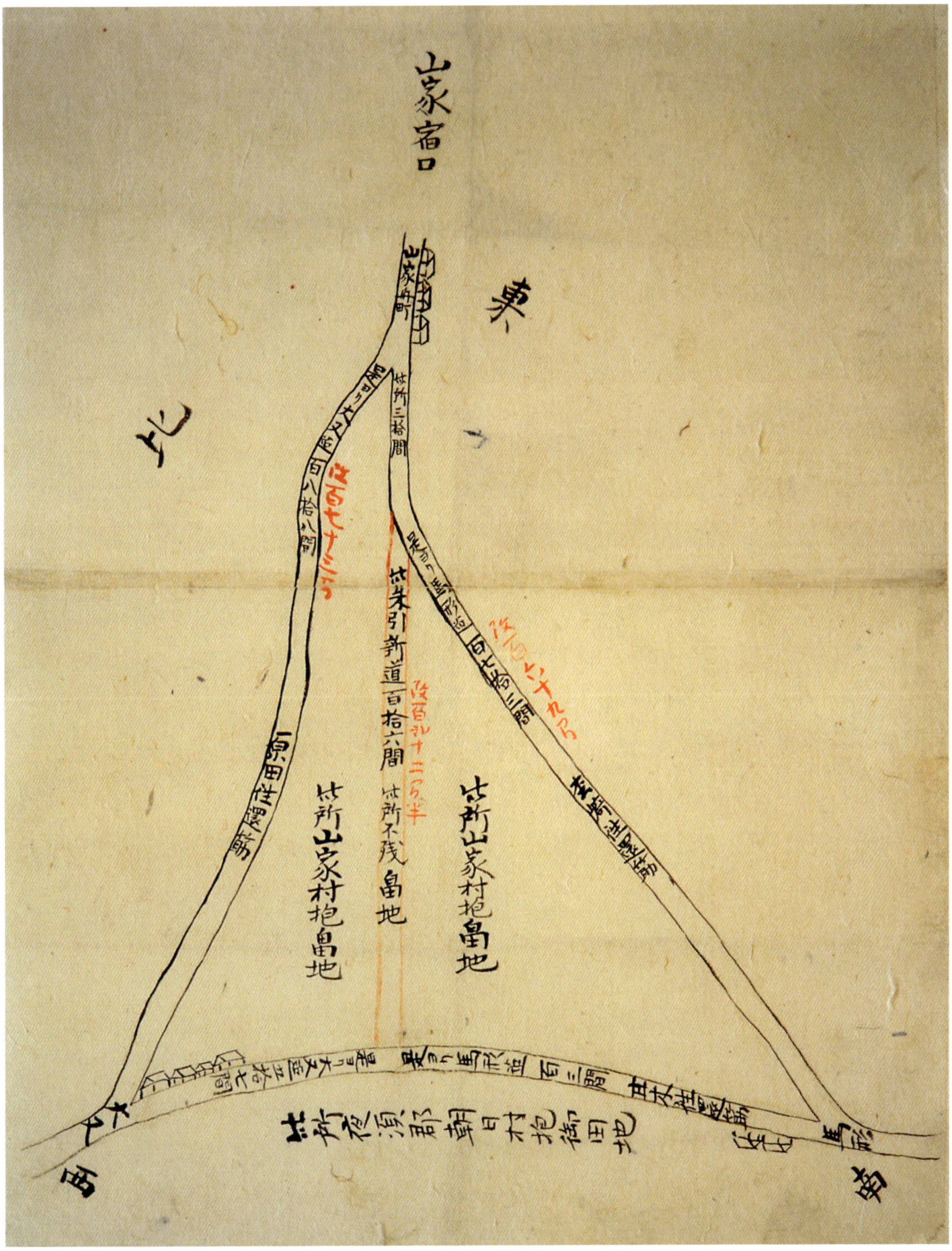

◆長崎街道の新設を伝える絵図　［写真上／撮影：2000.8.10：ふるさと館ちくしの 所蔵］

◆追分石［写真上／撮影：2000.8.10］

山家宿 周辺の地図。この地図は、国土地理院発行の２万５千分の１地形図（太宰府／二日市）をつなぎ、89％に縮小して使用したものである。

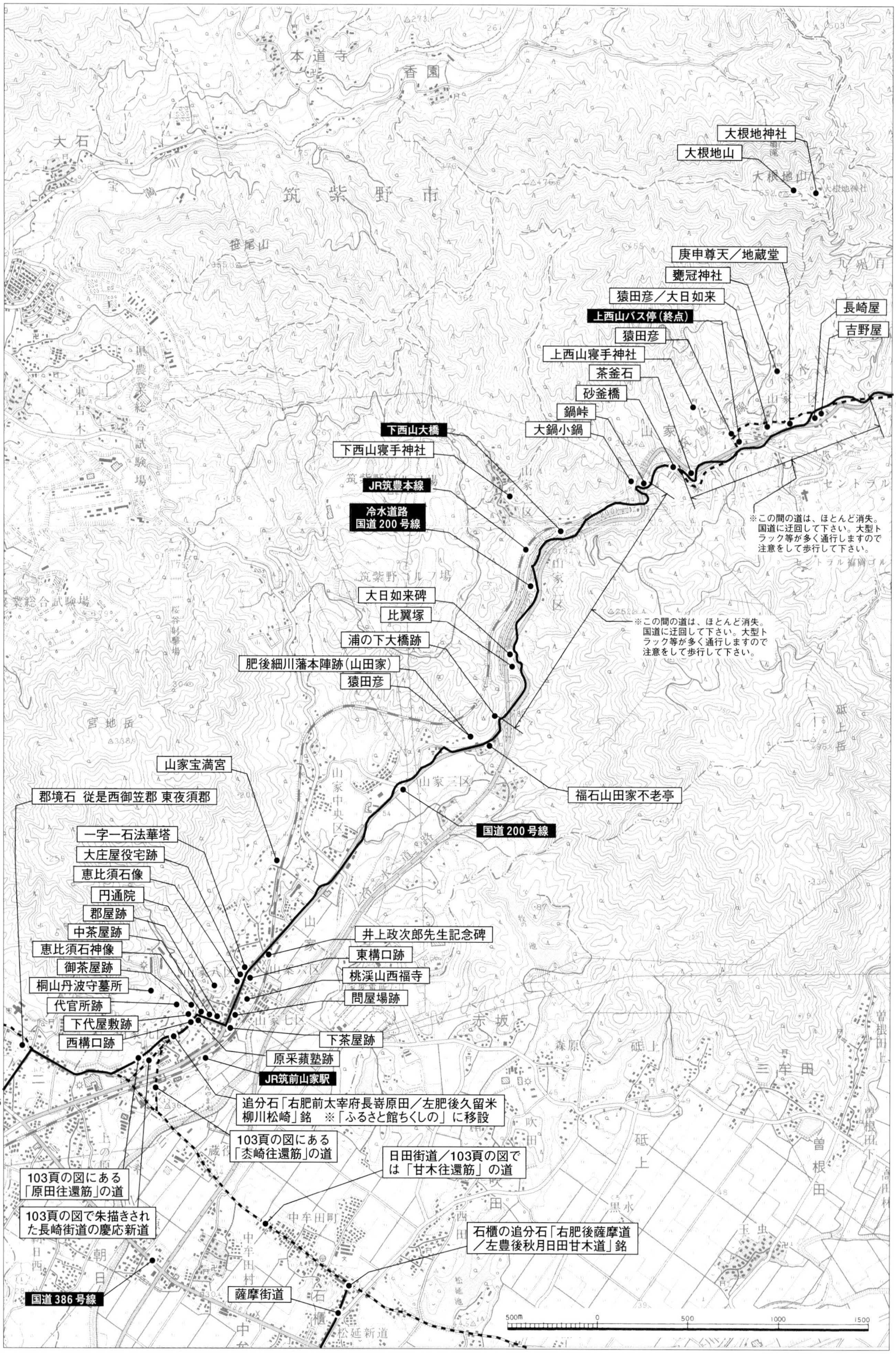

＊93頁の図の左側に続く

＊105頁の図の右側に続く

原田宿 周辺の地図。この地図は、国土地理院発行の２万５千分の１地形図（太宰府／二日市）をつなぎ、89％に縮小して使用したものである。

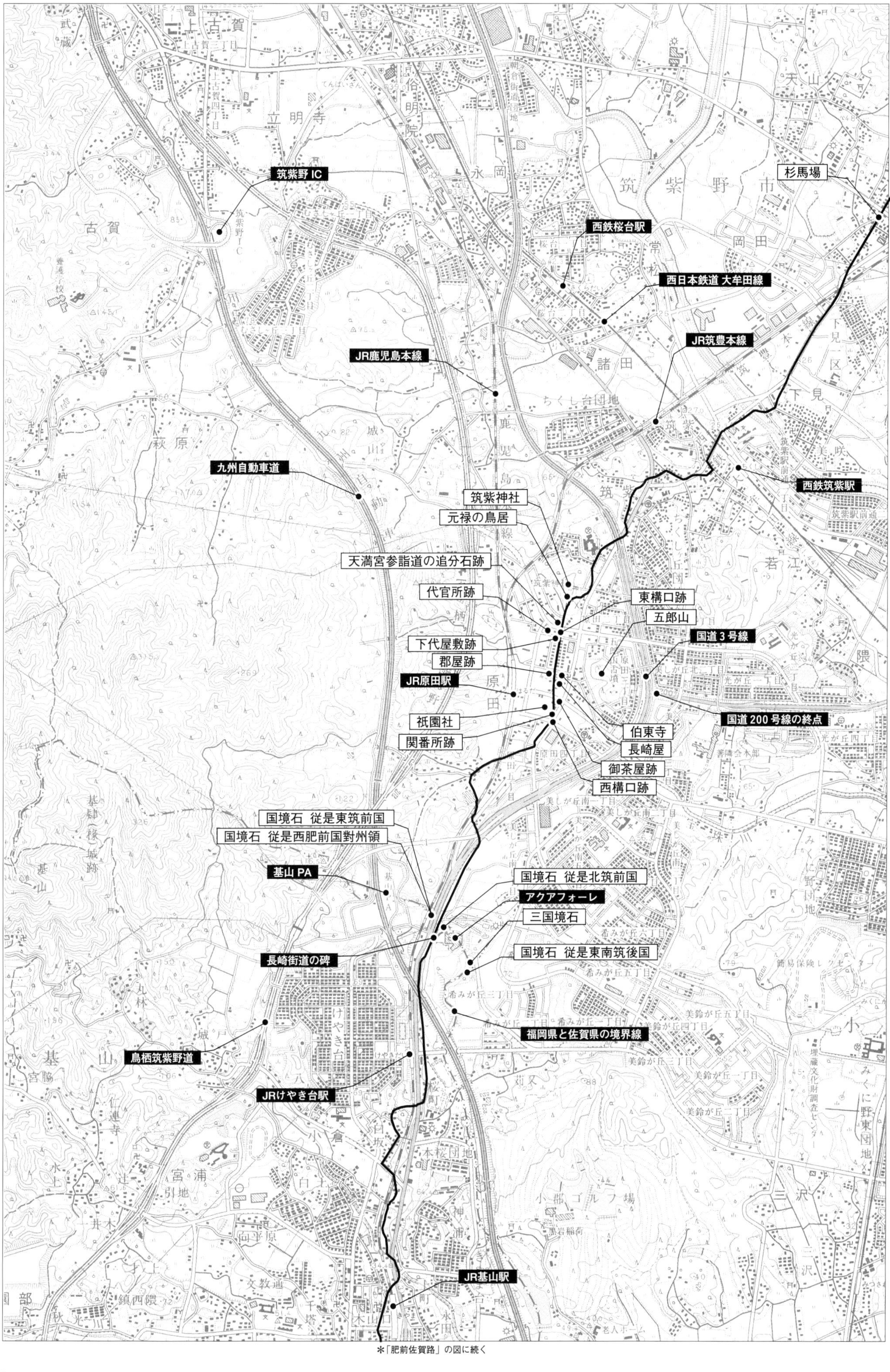

＊「肥前佐賀路」の図に続く

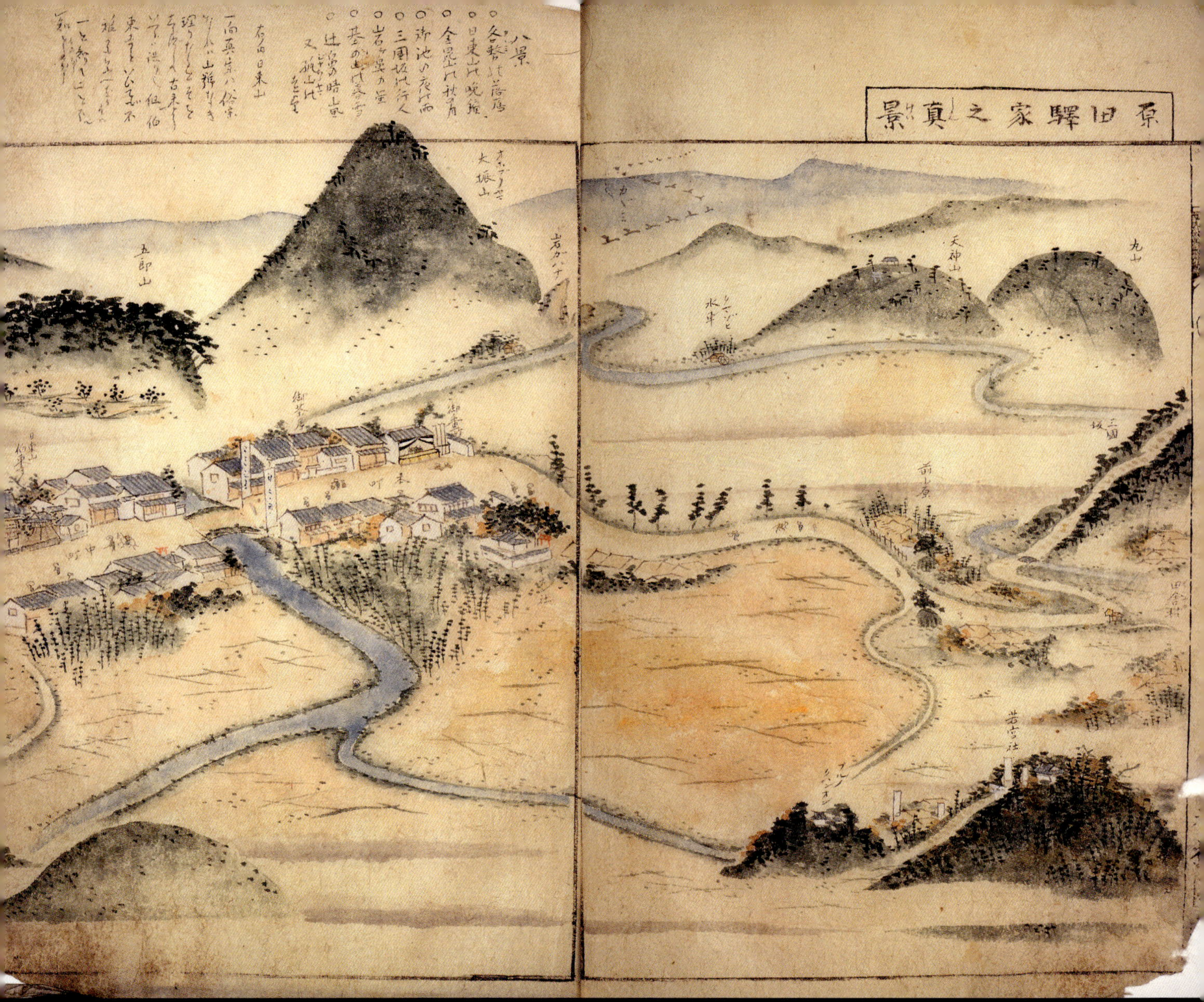

◆原田驛家之真景『田嶋外伝浜千鳥』より
作者は、原田出身の学者・山内陽亭。宗像大宮司家にまつわる逸話を題材にした全8巻からなる小説で、原田宿の場面は虎関尼物語の節に詳しい記述で載せている。絵は、芳草園（清水）蝶堂。
［写真／提供:ふるさと館ちくしの］

Chapter 11

長崎街道シリーズ
大里・小倉と筑前六宿

Haruda-syuku

原田宿

文責◆ 山村淳彦 ［筑紫野市歴史博物館 主任主査］
Yamamura Atuhiko

◆三国境石のある山
三国境石は、当時の三国坂（現在は消滅）の峠付近にあたる険しい山の上にある。写真の温泉施設アクアフォーレの背景に見える山の頂上がその位置である。［写真左／撮影：1999.12.16］

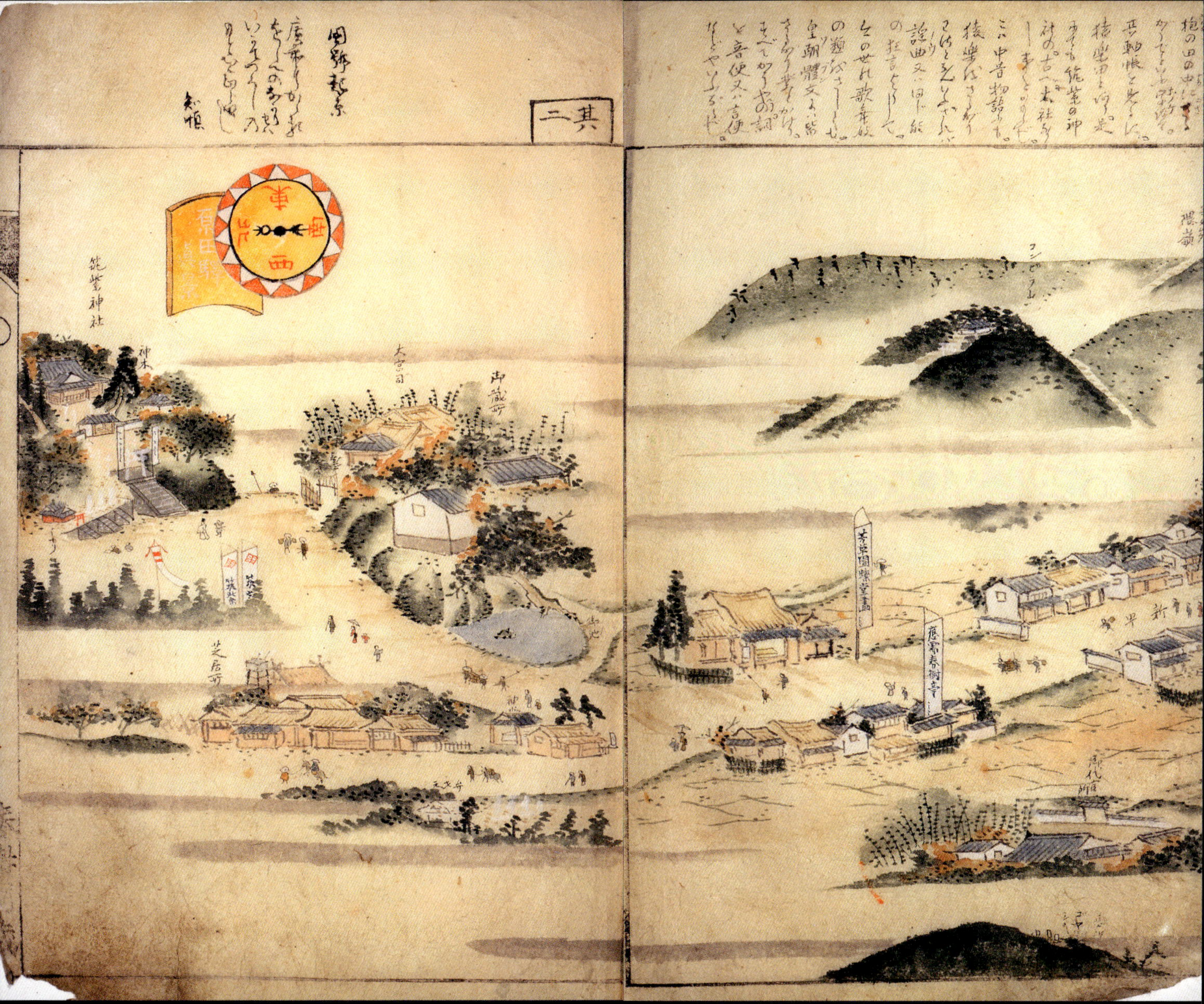

原《はる》田《だ》駅家之真景

福岡藩内の長崎街道は、筑前六宿街道（原田〜黒崎。十四里十六丁＝約五八キロメートル）とも呼ばれる。六宿のひとつ原田宿は、筑後・肥前と接した国境の宿場である。この宿場がいつごろできたのか正確にはわからない。『黒田家譜』には寛永十五年（一六三八）一月一日、島原の乱を鎮圧するため、冷水峠を越えてきた松平信綱の一行五〇騎一三〇〇人余りの軍勢が、原田に宿泊したと記録されているので、この時にはすでに存在していたと考えられる。山家宿の創設が慶長十六年（一六一一）であることを考えると、ほぼ同じころ設置されたのではないだろうか。

安政五年（一八五八）、原田出身の学者・山内陽亭《やまうちようてい》が記した『田嶋外伝濱千鳥《たじまがいでんはまちどり》』の挿し絵「原田駅家之真景」は幕末の町並みを写実的に伝える唯一の資料である。本稿では、この挿し絵をもとに、原田宿をご紹介する。

三国坂と国境石

挿し絵の右端に描かれているように、かつて「三国坂」という険しい坂があった。明治十六年の国道建設、同二十二年の九州鉄道（現JR九州）敷設によって大きく削平され、現在ではほぼ平坦地になっているが、わずかに昔の名残りを留める場所がある。三国境石がそれである。現在の行政区画では筑紫野市に属しているが、この場所が筑前・筑後・肥前三国の境となっていた。

また、旧国道三号線横の緑地帯には、新しく建て直された筑前・肥前二国の境界を示す国境石が背中合わせに建っている。もとは、この場所から東へ一五メートルの

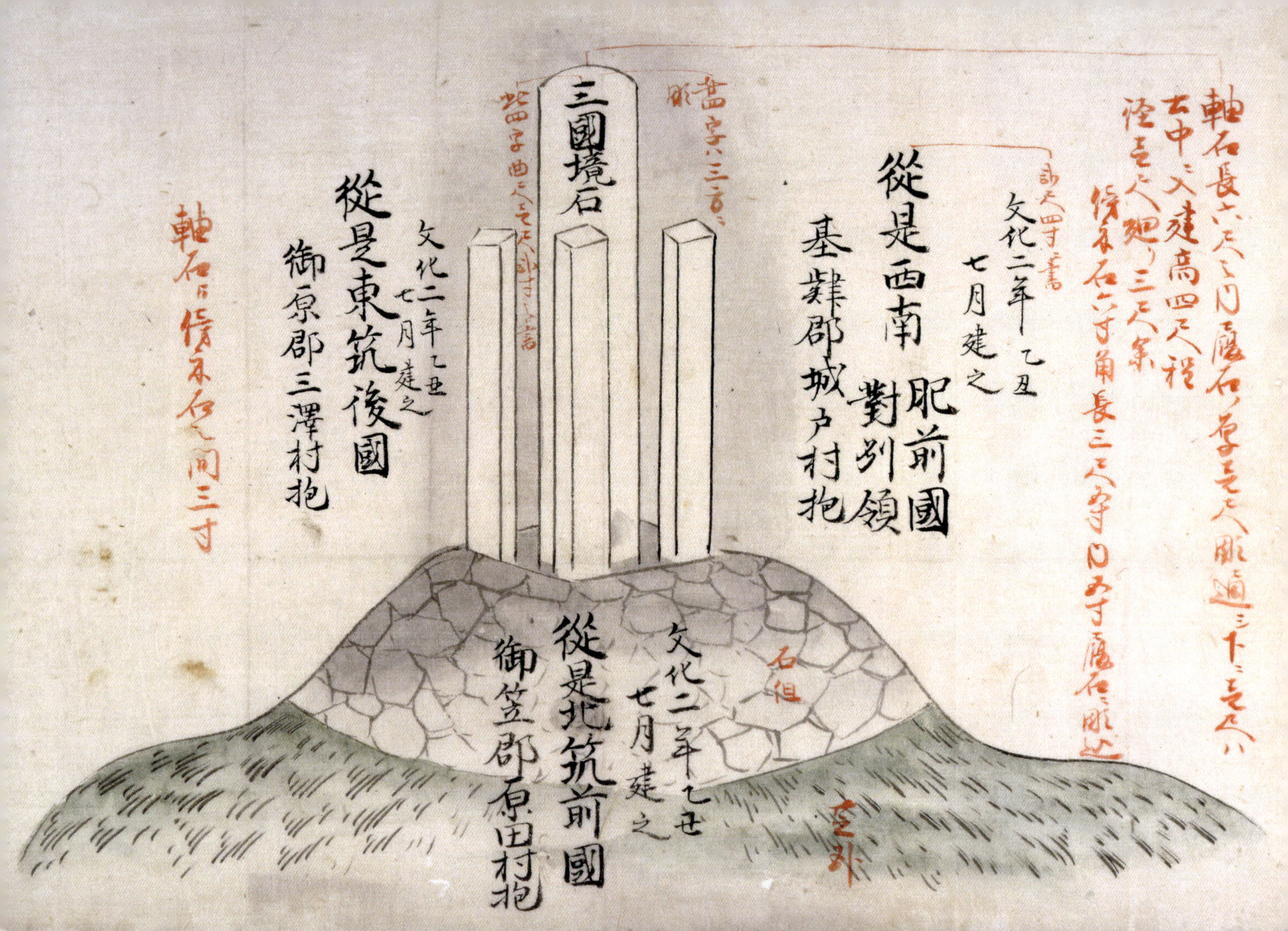

◆三国境石位置図
文化２年７月建立を伝える絵図。[写真上／提供:ふるさと館ちくしの]

◆三国境石
この場所が筑前、筑後、肥前三国の境となっていた。周りに見える三つの四角い孔は、上の位置図にあるような六寸角の石を組み込むためのものである。また石垣も当時の様子をそのままに残している。[写真右／撮影：2000.6.12]

◆国境石　銘は「従是東南筑後国」で、三国境石に向う途中で確認できる。[写真上／撮影：2000.2.24]

◆**二国境石**「従是東筑前国」銘。[写真右／撮影：2000.2.26]
◆**二国境石**「従是西肥前国対州領」銘。[写真中／撮影：2000.2.26]
◆**国境石**「従是北筑前国」銘。[写真左／撮影：2000.6.13]

所にあったが、バイパス建設のため移設された。

国境石には、それぞれ「従是東筑前国《これよりひがしちくぜんこく》」「文化四丁卯五月建之」、「従是西肥前国対州領《これよりにしひぜんこくたいしゅうりょう》」「文化四丁卯五月建之」と彫り込まれている。この二箇所の国境石について、その建立の経緯を詳しく伝える古記録がある。『御境石建覚書』と題された本文一八九ページからなる書冊で、対州（対馬）領基肄《きい》郡城戸村庄屋の梁井徳介が、関係者へ宛てた手紙や覚え書をもとに編集したものである。原本は、佐賀県三養基郡基山町基山六区の区有文書として保存されている。あらすじは次のようなものである。

文化二年（一八〇五）二月十九日、筑前と肥前の境を示す松が枯れたことをきっかけに、田代代官所の手代・原永介から城戸村庄屋徳介へ国境確定のため筑前国原田村と交渉するようお達しがあった。三月二日、徳介父子は代官所へ呼ばれ、進捗状況について報告を求められたので、徳介は崩落しかけている三国割塚を先に再建した後、枯れ松跡の石建てに移る段取りであることを報告した。六月九日から筑前・筑後・肥前三者の協議が始まり、筑前から高野門七（山口村大庄屋）・山内杢七（原田村庄屋）・又助・武七（同組頭）・藤本惣七（早良郡田嶋村庄屋、御境目方）、筑後から花田卯八（三沢村庄屋）・十次郎・幸介、肥前から青木與介（大庄屋）・梁井徳介（城戸村庄屋）・重右衛門・九郎右衛門（同村頭百姓）が代表として出席した。筑後国の銘文のことで工事は一時難航したものの、三国境石は同年十一月二十四日に完成した。

筑前と肥前二国境の協議は、文化四年（一八〇七）一月十三日から開始された。境界の新たな目印は、松を植え替えると田地に日陰が生じるという理由から石柱とすることに決定された。四月十八日から石柱の製作に取りかかったが、二十九日に至り、国境について双方の見解が異なっていることが明らかになった。筑前国原田村は、元禄十三年（一七〇〇）三月五日に取り交わした証文を根拠に、あくまでも枯れ松の場所が国境であると主張し、肥前国城戸村の方は、松は万治年中（一六五八～六一）に植えたもので国境を示すわけではなく、永正年間（一五〇四～二〇）から当地を相続している梁井家にも国境を定めた記録はないと主張した。そこで、御境目方の藤本惣七は枯れ松を除去し、問題となる野地を測量した上で等分にすることを提案し双方妥結をみた。五月九日から十四日にかけて枯れ松の除去作業、翌十五日に測量が行われたが、またまた測量の方法で意見が対立したので、肥前国から姫方村庄屋の定右衛門が参入して協議、十八日に沓石の設置を終え、証文を取り交わした。折からの大洪水で作業は延期されたが、八月二日に石柱銘の彫刻が完成、同年八月十七日に二国境石の建立は完了した。

結局、筑前と肥前の国境石は、枯れ松の場所から三尺余り筑前寄りに建てられることになった。一〇〇年ほど前に取り交わした証文を提示されながらも、それを覆して、あらためて野地の測量を筑前側に提案させた徳介の交渉力には、並々ならぬものが感じられる。三国境石を建てたのち二国境石を建てる計画が、すでに一年半前に出されていることや、文化三年（一八〇六）三月二十四日に城戸村役人たちが独自に測量した野地割図が残されていることから、交渉は肥前側の周到な準備の上に進められたことがうかがわれる。この一件の前年に原田村庄屋に任ぜられたばかりの杢七には、おそらく対抗する術がなかったのであろう。

二国境石の付近に、福岡藩右筆《ゆうひつ》・二川相近《ふたがわすけちか》の筆による「従是北筑前国」銘国境石がある。基壇を加えると高さ四・五メートルを越える福岡藩内最大の国境石である。建立年代を直接示す資料はないが、文化九年（一八一二）九月二十五日、原田宿を測量した伊能忠敬の「肥前国基

◆関番の羽織と袴
関番所は、原田、黒崎、前原の３宿に置かれて往来手形等を調べていた。この羽織りと袴は、原田宿の関番所の役人が着用していたと伝えられている。［写真／提供：ふるさと館ちくしの］

肄郡附近」麁絵図《あらえず》には、「三国石」とともに長崎街道沿いに建つ巨大な石柱が描かれている。これが二川筆の国境石であるとすれば建立は二国の境に決着をみた文化四年（一八〇七）五月以降、同九年九月以前ということになろう。

坂を下りたところに田舎村（現上原田）、前小原という小集落があり、その先が宿場である。

構口

宿場の出入り口に設けられているのが「構口」という門塀である。石垣の上に土塀を築き、漆喰を塗って、その上に瓦を葺いた構築物である。江戸に近い方を「東構口」、その逆を「西構口」という呼び方をする。挿し絵では右側が西構口である。筑前国内の二十七宿には、すべて設置されていたようだが、宿場が廃止されたあとは、かなり早い時期に壊されてしまったらしく、今でも残っているのは長崎街道の山家宿と木屋瀬宿、唐津街道の青柳宿だけである。構口は、他国ではあまり見かけることはなかったらしい。吉田松陰は、長崎への遊学途中、山家宿の構口について『西遊日記』に「道中ノ諸駅ヲ歴観スルニ、駅ノ前後ニ於テ左右袖ノ如ク石垣ヲ築キ、女墻ヲ附ル者多シ、亦事アルノ時、里門ヲ作ルガ為ニ便スルカ」と記している。

関番所

西構口に隣接して、往来手形を改める関番所が置かれていた。筑前国内で関番所が常置されていたのは、黒崎宿、前原宿、原田宿の三箇所である。寛政六年（一七九四）の記録（高嶋家文書）によると、原田関番所には、「関番所」と書かれた定行灯があり、揃いのハッピを着た二人の関番がいて、後ろの壁にはさか鉾三本、ひねり一本、さすまた一本、いが棒一本、寄棒二本が並べてあり、片隅には薄縁（裏をつけ、縁をつけたむしろで、家のなかや縁側に敷くもの）が二枚と長い幕が備えられていた。

関番の主な役目は、往来手形の確認である。手形は旅行許可と身分証明を兼ねたパスポートのようなもので、百姓町人の場合は庄屋が、藩士の場合は藩庁が発行することになっていた。領内の通行手続きは厳格で、旅人は関番から領内通行許可の添手形を発行してもらい、藩境を出るときにその添手形を藩境の関番所に渡した。帰路ふたたび入国する際には、その添手形に宿代官の裏書証明をもらい、出国の際には藩境の関番所にそれを返さな

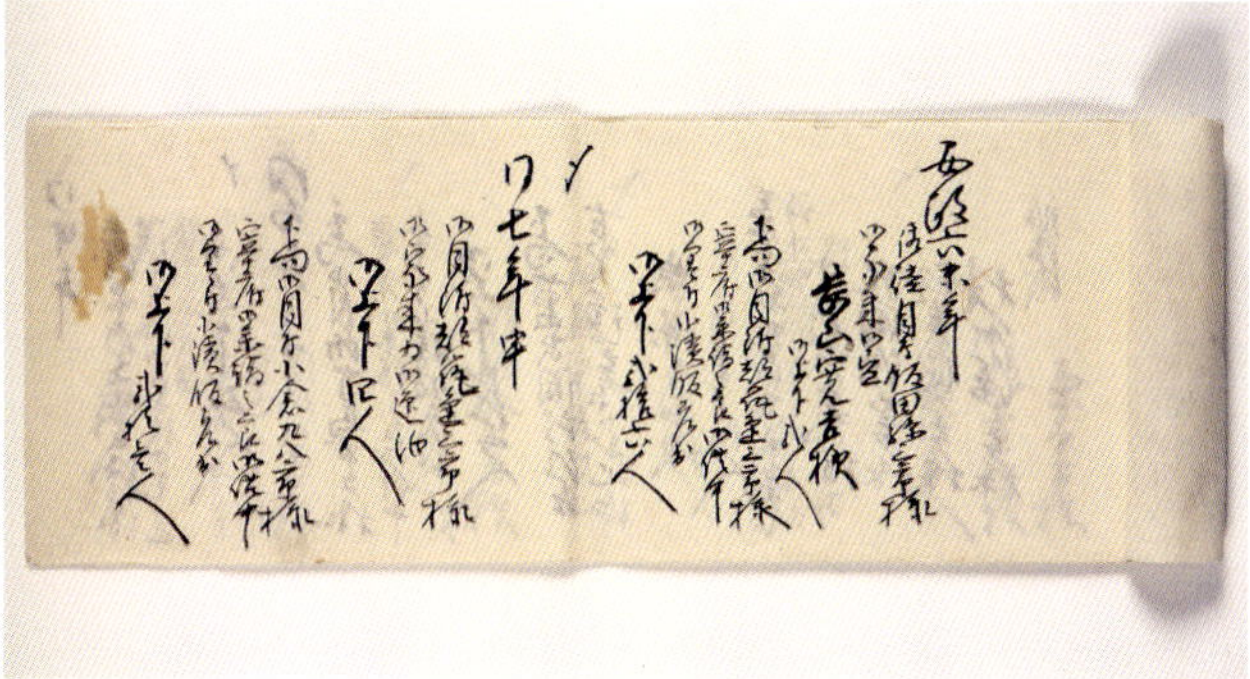

◆御茶屋の休泊者名簿
この名簿には、安政６年から文久２年までの主な休泊者が記載されている。
［写真上右／提供:ふるさと館ちくしの］

◆伯東寺
絵図の『田島外伝浜千鳥』原田駅家の真景に描かれている。
［写真上左／撮影：2000.2.27］

◆「はらふと餅を売る店」の図
はらふと餅は、原田宿の名物であった。この絵図は『田島外伝浜千鳥』に描かれている。
［写真下／提供:ふるさと館ちくしの］

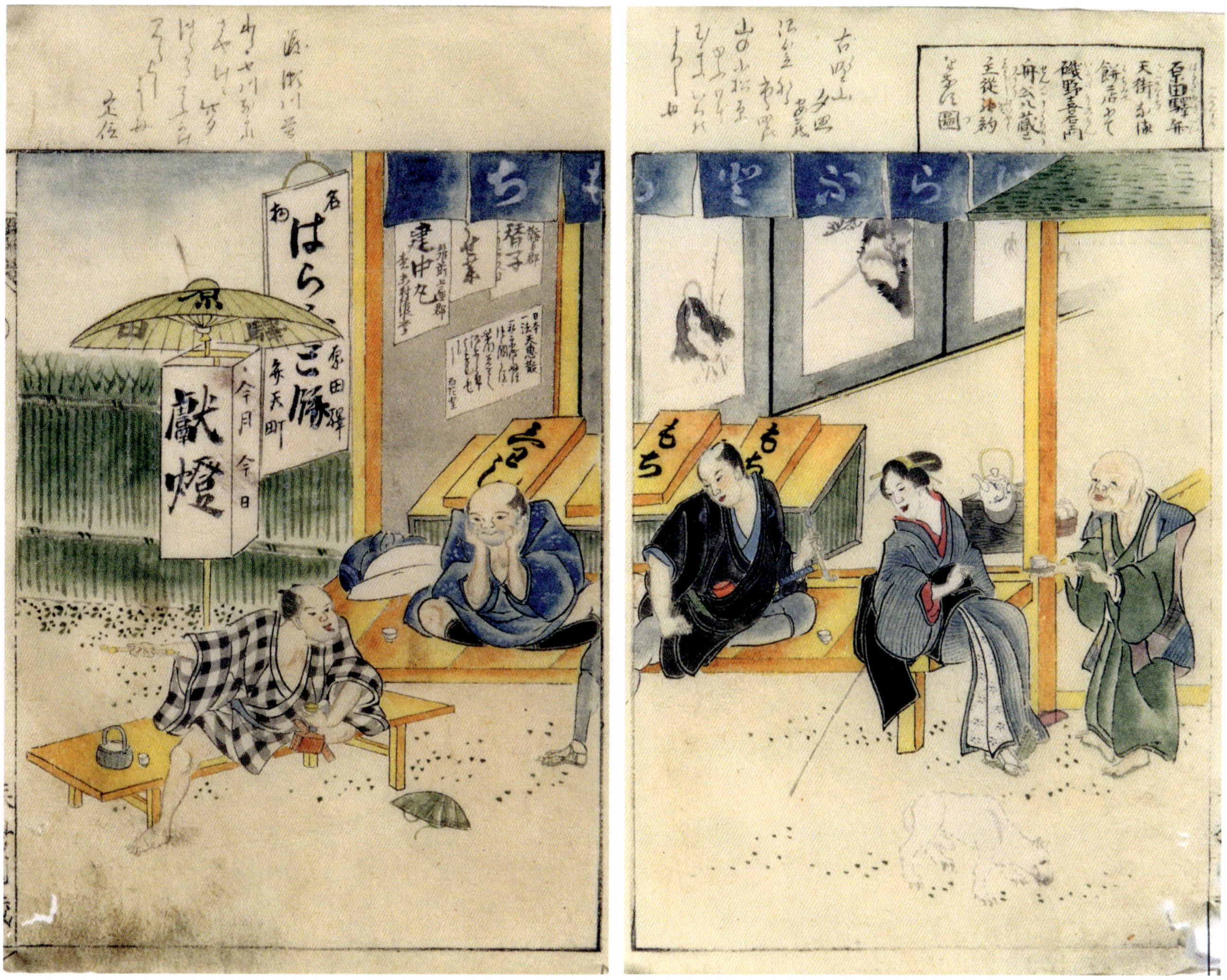

ければならなかった。特に、黒崎・前原へ向かう旅の女には、代官が添手形を遣わすことになっていた。治安を守る「入り鉄砲に出女」の注意が行き届いていたわけだ。
関番所は、明治四年に廃止されるが、その直前まで原田には六人の関番が交替で勤務していた。

御茶屋

挿し絵では「御茶屋」と記されているが、原田宿のそれは民間経営の町茶屋で、関番所の隣にあった。本来、御茶屋といえば藩主の別邸を指す。安政六年〜文久二年（一八五九〜六二）ごろの茶屋守は山内孫四郎で、彼が代官へ報告した休泊者名簿には、蒸気船製作のため下向した幕府役人、長崎奉行、唐通事などが名を連ねている。伊能忠敬の『測量日記』によれば、御茶屋の右側には問屋（旅行者に馬やかごの世話をする所）、左側には制札所（幕府や藩の法令を掲示する所）があった。

伯東寺

宿場の中央に日東山伯東寺（真宗）がある。筑後国竹野郡筒井村にあった寺を、延宝四年（一六七六）、僧了誓が当地に移した（『福岡県地理全誌』）。境内には、もと三国峠にあった宝篋印塔が移設されている。行き倒れの無縁仏を祀ったと伝えられる。また、同じ境内に、どういうわけか「はらふと餅」を搗いたと伝えられる石臼がある。険しい三国坂を通行するときの腹ごしらえにと、この餅は原田宿の名物になっていたようだ。伝承では、餅屋は東構口の外にあったとされている。挿し絵の茅葺きの建物がそれであろうか。

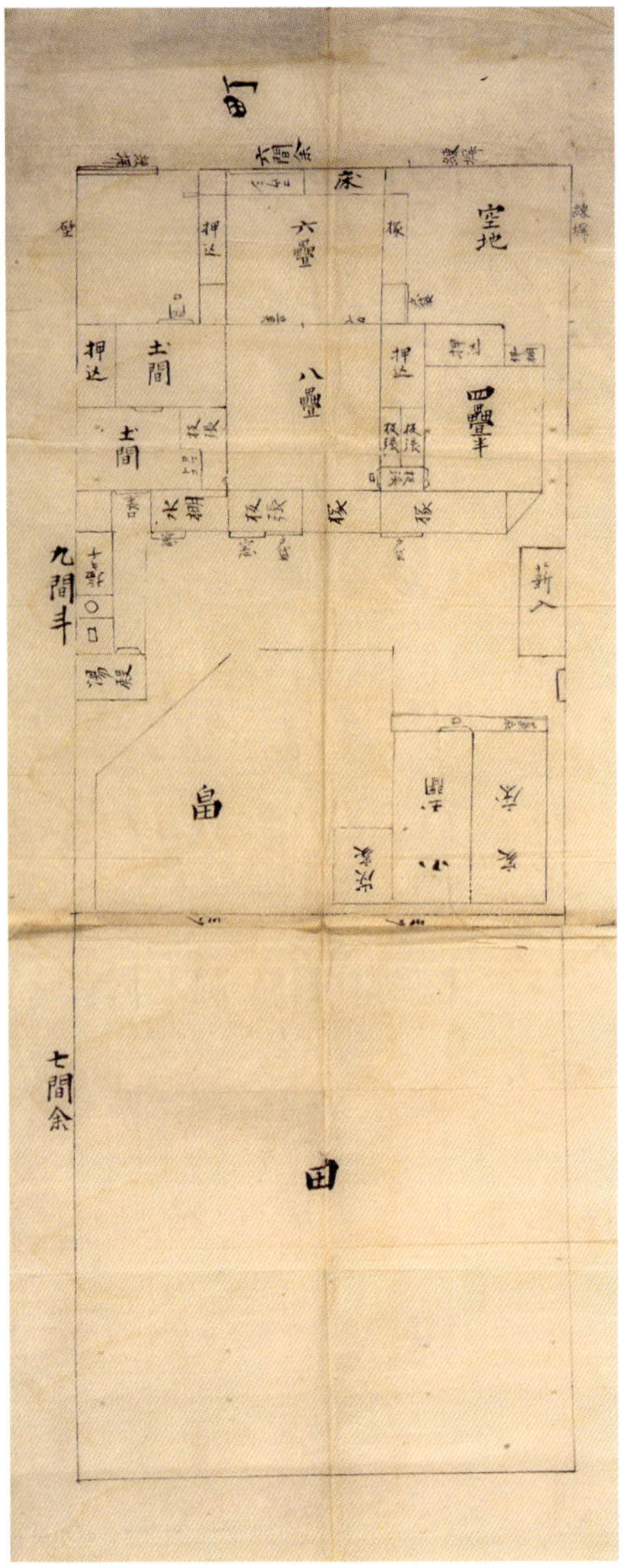

◆下代役宅間取図
代官所で働く役人のことを下代といった。この図をみると屋敷には、部屋が３つと土間が２つあることがわかる。敷地と田畠で６間余×16間半余（９間半＋７間余）とあるのでおおよそ320㎡である。
［写真上／提供:ふるさと館ちくしの］

◆小河内蔵允の肖像画
［写真右／提供:ふるさと館ちくしの］

下代

下代とは、宿場代官の部下として働く役人のことである。慶応三年（一八六七）には、松尾朔蔵、高嶋文八、鬼木左六という三人の下代がいた。その一軒、鬼木家の役宅間取図が残されている。屋敷地は約一八四平方メートル（約五六坪）で裏に約一三六平方メートル（約四一坪）の田があり、家屋には三部屋と土間が設けられていた。下代の屋敷は、東構口の手前に三軒あった。

代官所

代官所は原田郵便局裏手の「お屋敷山」と呼ばれる小高い丘の上にあった。つい最近までその丘は現存していたが、区画整理事業によって景観は一変してしまった。

原田宿の初代代官は小河内蔵允《おごうくらのじょう》で、天拝山の植林でも知られる人物である。小田原城攻め（一五九〇）、文禄の役（一五九二）、関ヶ原の戦い（一六〇〇）、大阪冬の陣（一六一四）などで黒田侯に従い、その功績によって筑前国内に一万二〇〇〇石の領地を与えられた。

当宿場には、享和ごろまでの一六〇数年間に二二人の代官が就任している。一人の平均在職期間は約七年半ということになる。

旅籠

長崎～江戸の道中での出来事を物語風に著した紀行物語に、十返舎一九の『金草鞋《かねのわらじ》』がある。同書の挿し絵には、原田宿・京二屋善右衛門の宿の様子が描かれている。この旅籠のことは、享和二年（一八〇二）五月二十二日、

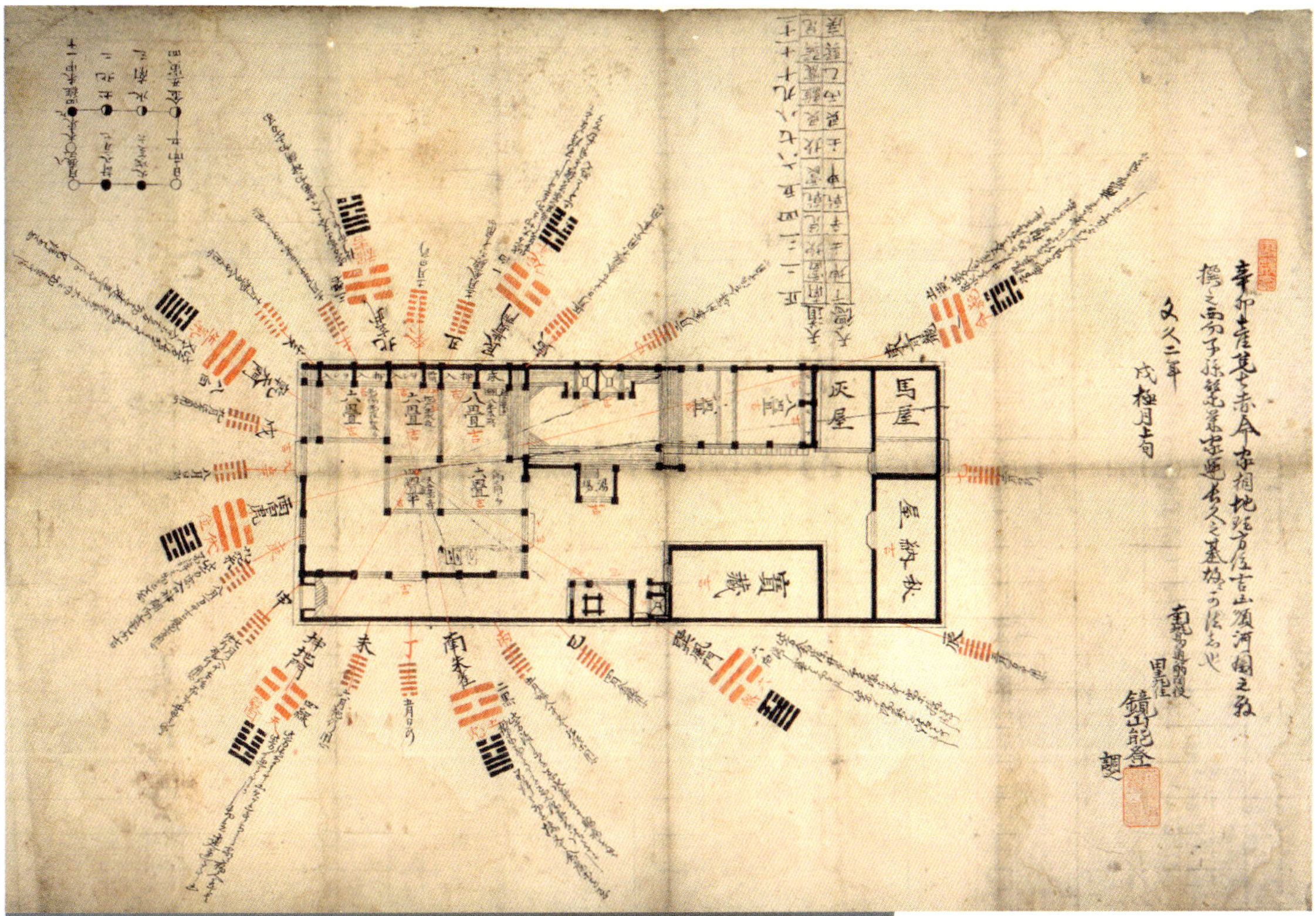

◆**原田宿の旅籠、山本屋の家相図**
この家相図は、陰陽五行説にもとづき、作成された。
［写真左／提供：ふるさと館ちくしの］

原田を訪れた尾張国の菱屋平七も『筑紫紀行』に「京荷宿善右衛門といふに宿る」と記しているので、実在したのであろう。京二屋（京荷宿）については、他に資料はないが、同じ旅籠である山本屋の家相図（文久二年＝一八六二）が残っている。これを見ると、部屋は八畳間が二、六畳間が四、四畳半が一の計七部屋で、当宿場では平均的な規模であったと思われる。宿泊客を迎える屋内に馬屋や灰屋（堆肥を置く場所）が併設されているのは、現代人の感覚では理解しがたいところだが、農村では牛馬は大切な労働力として家族同然に養われており、馬屋も家人の部屋とひと続きになっているのが普通だった。

旅籠の軒数はよくわからないが、前出の菱屋平七は、「人家百軒あまり。宿屋多く茶屋もあり」と記している。昭和十〜十五年ごろまでは、通りの東側に藤屋、橋本屋、長崎屋、呼子屋、山本屋、西側に柳川屋、肥前屋、大黒屋といった、かつて旅籠であったと思われる屋号の家が建ち並んでいた。このほか、下駄屋、蝋燭屋、肥料屋、大工、鍛冶屋、酒屋、薬屋、醤油屋、饅頭屋、茶碗屋、傘屋、紺屋、石屋、畳屋などがあって、まだ宿場時代の名残りを留めていたようだ。

追分石

東構口を出たところが追分になっている。右は山家宿へ向かう長崎街道である。左は太宰府天満宮への参詣道で、博多街道とも呼ばれた。ここに長崎寄合町の商人が文久四年（一八六四）に建てた追分石があった。現在は区画整理事業に伴って撤去され、筑紫野市教育委員会が保管している。

◆**追分石**［写真右／提供：ふるさと館ちくしの］

◆**十返舎一九の紀行物語『金草鞋』原田宿、田代宿の項**
この物語の中に、原田宿の京二屋善右衛門の宿の様子が描かれている。
［写真上／山田稔氏 所蔵］

◆**筑紫神社**［写真／撮影：2000.2.27］

◆**筑紫神社縁起の図**［写真上／提供：ふるさと館ちくしの］
◆**筑紫神社の前を通る長崎街道**　人物２人が歩いている道が街道。鳥居は元禄の銘。［写真下／撮影：2000.2.27］

筑紫神社

追分けから長崎街道を少し行くと、原田村・筑紫村の産神である筑紫神社がある。国号起源を持つ式内社（『延喜式神名帳』に記載されている神社）である。

『筑後国風土記逸文』によると、筑前・筑後国境の坂

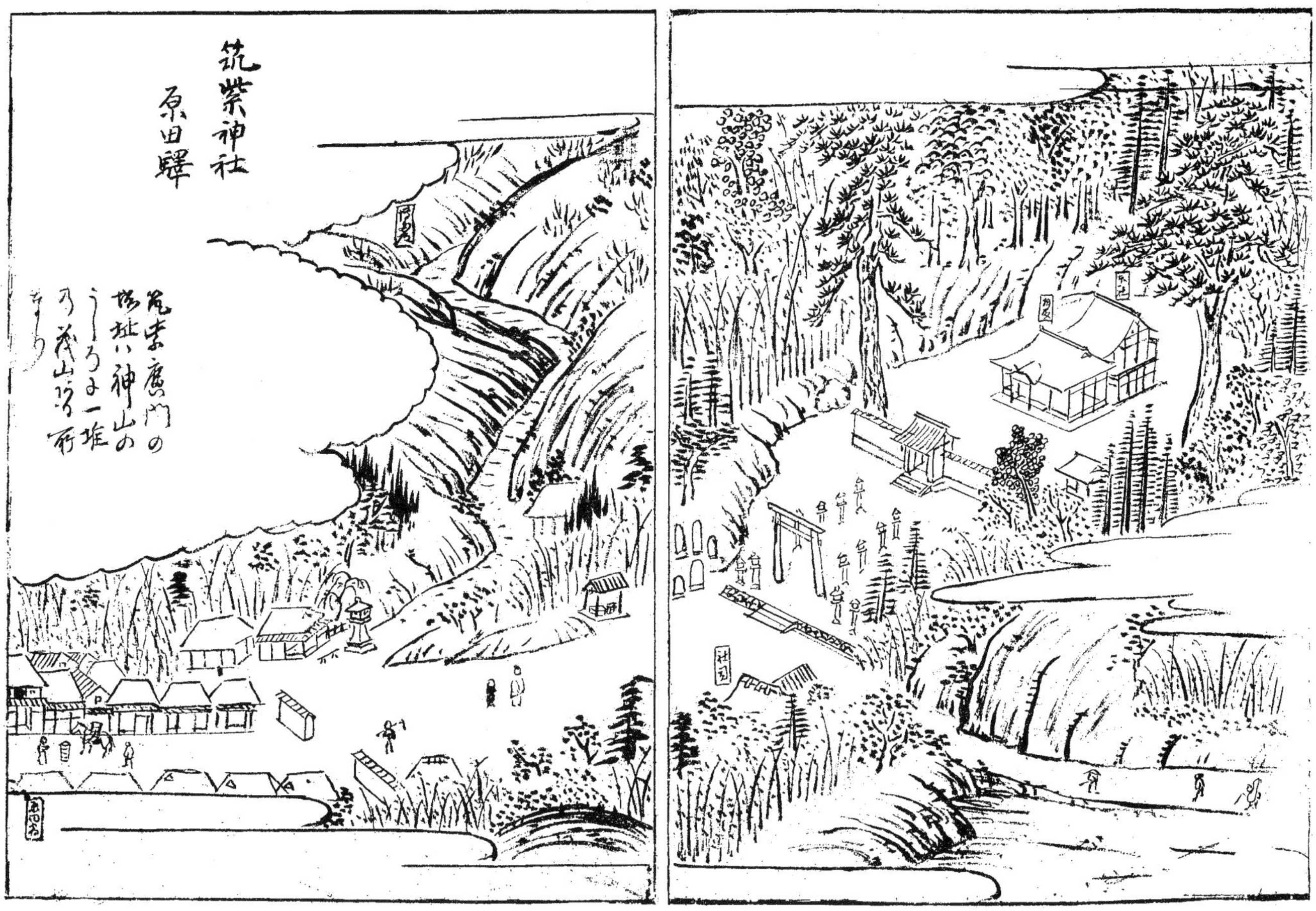

◆ **筑前名所図会／筑紫神社・原田驛**　奥村玉蘭筆（福岡市立博物館 所蔵）

の上に麁猛神《あらくたけきかみ》がいて、通行人を妨害するので人の命盡神とも呼ばれていた。これを鎮めるために祀ったのが「筑紫神」の起こりであると記されている。初めは城の山の頂にあったが、山上から麓に移し、一つは筑紫神社、一つは肥前国基肄郡宮浦の荒穂神社として祀られたという（『筑前国続風土記拾遺』）。現在地に移された時期は明らかでないが、『筑紫神社縁起』（延宝九年＝一六八一）によると、至徳年中（一三八四〜八七）には、すでに社殿があったことを伝えている。荘厳な大門や回廊に囲まれた建築だったが、兵火で焼失したため、享徳二年（一四五三）、筑紫経門らによって再建された。現在の神殿は、延宝八年（一六八〇）の建築を伝えるものと考えられる。その裏には、わずかに享徳年間の礎石が残っている。

同神社には、粥の表面に生えたカビによって、農作の吉凶を占う「粥占《かゆうら》」という神事がある。旧暦正月十五日、元旦に氏子が神社に上げた年玉（米）で粥を炊いて銅鉢に盛り、それを十一月卯日の宮座で用いた柳箸で十文字に区切り、東を豊前、西を肥前、南を筑後、北を筑前として名札を立て、木箱に入れて封印し神殿に納める。ひと月後の二月初卯日の未明、神殿から粥箱を下ろして開き、神職と氏子の代表六人がカビの生え具合などを見て判定する。黄色のカビは極上吉、粥面や鉢の回りに水気があるときは雨年、粥面のヒビは干魃の兆候、といった具合である。同様の神事は筑後、佐賀地方でも見られるが、四つの国の豊凶を占うところが独特である。

粥占いは、古くは各農家で行われていたという。銅鉢に「奉寄進筑紫宮神粥鉢／文化二乙丑年十一月吉日／願主原田村氏子中」の銘文があることから、神社の祭礼に移行した時期が推測できる。現在では、二月十五日に粥納め、三月十五日に粥試しが行われている。

［やまむらあつひこ］

◆**小田清七、宅子夫妻の肖像画**　小田宅子（1789～1870）は、底井野村の両替商「小松屋」小田弥右衛門の長女として誕生。天性の美貌の持主といわれ、父親が飯塚から養嗣子として迎えた太田清七の妻となる。若くして、鞍手の国学者伊藤常足に和歌の教えを受け、優れた作品を数多く残している。宅子が18歳のときに弟の清七郎が生まれ、弟が成人後は家を譲り、生家の隣に家を建てて醤油醸造業を始めている。この屋号も「小松屋」といった。この絵は斉藤秋圃の弟子の式田春蟻の作といわれる。(小田満二氏所蔵)［写真上／撮影：2005.5.8］

◆**薬師堂の手鉢水**　願主小田清七郎義廣の銘と弘化四年（1847）の年号が刻まれている。薬師堂は「小松屋」から道を隔てた蓮光寺の向かいにある。また、月瀬八幡宮本殿境内には狛犬を寄進しており、台座には願主小田清七郎義且の銘と天保三年（1832）の年号が、対の台座には願主小田清三郎義廣、小田清四郎義安の銘が刻まれている。［写真／撮影：2005.5.8］

Chapter 12

長崎街道シリーズ
大里・小倉と筑前六宿
Sokoino - oukan

［付編：中筋往還］

底井野往還

文責◆ **遠藤 明**　［底井野宅子の会］
Endou Akira

◆**上底井野の町並**　上木月から砂原地蔵への通りの風景。往還はつきあたりで右に曲がり、150メートルほど進むと月瀬八幡宮の前に出る。左側の家は石橋家で慶応元年（1865）の建築。※2006年に建物は、建て替えられているので記録写真の景色となった。［写真上／撮影：2000.8.14］
◆**底井野往還入口の六反田**　手前の道は唐津街道赤間道。［写真左上／撮影：遠藤明：2000.3.21］
◆**神崎の街並**　添田家（画面左奥）から進んだところ、ここから画面手前に100m進むと三叉路に出る。［写真左／撮影：2000.3.18］

◆**三叉路**　山に登る砂利道が、苦しケ峠に向かう道。［写真左／撮影：遠藤明：2000.3.21］
◆**苦しケ峠に向かう道**［写真下／撮影：2000.3.18］

福岡藩主専用の参勤交代道

唐津街道（西往還）は、主に福岡藩と唐津藩が参勤交代に使った。しかし、福岡藩は、参勤交代にあたっては、唐津街道の赤間道上の六反田から、自藩内の近道である底井野《そこいの》往還を通り、長崎街道（東往還）の黒崎へと進んだ。また、参勤交代だけでなく底井野御別館や同茶屋に遊猟することが多かったから、それらの関係文書や記録も多い。この底井野往還のことを、古門《ふるもん》往還、または御成り道、殿様道ともいい、唐津街道の本宿通りに対し、内宿通りともいった。鞍手郡の『古月村史』にも「是は慶安年間（一六四八―一六五二）開通したものにて、俗に内宿通りと云う」とある。

道順については『鞍手町史』に、「この道は具体的には、どこをどう通っていたかというと、六反田《ろくたんだ》、神崎《こうざき》、木月黒橋、天神下、大橋、上木月を経て底井野に通じ、垣生から中間の渡しを渡り、岩瀬を経て黒崎へ、または底井野から下大隈からの渡しを渡り、下上津役から涼天満宮の前に出て、黒崎に抜ける道である」とある。

また同様に、「この道は、赤間道上の六反田から神崎の添田（家）店の前を通り、遠藤家の前に出て、それから山道に入る。この山道は幅一メートル余の小道で、荒五郎山の麓の黒橋に通ずる旧道である。この山道の一番高い所を苦しケ峠という。これは当然、荷駄が通るのに、息をはずませて苦しんだことに由来する呼称という。伊藤文書の家内年鑑にも、クルシケ峠の文字が見える。」と記載されている。これらの各資料に基づき現地を辿ってみる。

苦《くる》しケ《が》峠《とうげ》

資料に基づき歩いてみる。六反田から底井野往還に入り、現県道を経由して九〇〇メートルほど進んだところで左に曲がり、神崎に入る。少し進んで添田家のところで道を右に曲り、遠藤家の前に出る。そこからの道は三叉路となり、地元では三角道と呼んでいた。

その三叉路を左に向かうと遠賀郡虫生津《むしょうづ》方面に行き、右に向かうと道中《どうちゅう》、木月方面に行く。直進する道は、幅二メートル余りの古くからある荒五郎山の山裾の道で、そのまま進むと前出の黒橋（今は赤い色の橋で倉坂橋という表示がある）に出る。だが、この道は、ずっと平たんであり、クルシケ《が》峠といわれるような高い箇所は確認できない。引き返して三叉路に戻る。

この場所で、さきほどの山裾の道と虫生津方面の道との間に山道が見える。この道は、かつての遠藤家代々の墓へと通じる道である。しかし、墓から先は記憶になかったので遠藤本家の現当主に聞いてみると、前出の荒五郎山から黒橋に抜ける山道であるという。これが苦しケ峠への道ではないだろうかと思われるので歩いてみる。

底井野と**中間** 周辺の地図。この地図は、国土地理院発行の２万５千分の１地形図（中間）を、８９％に縮小して使用したものである。

＊44頁の図の下部に続く

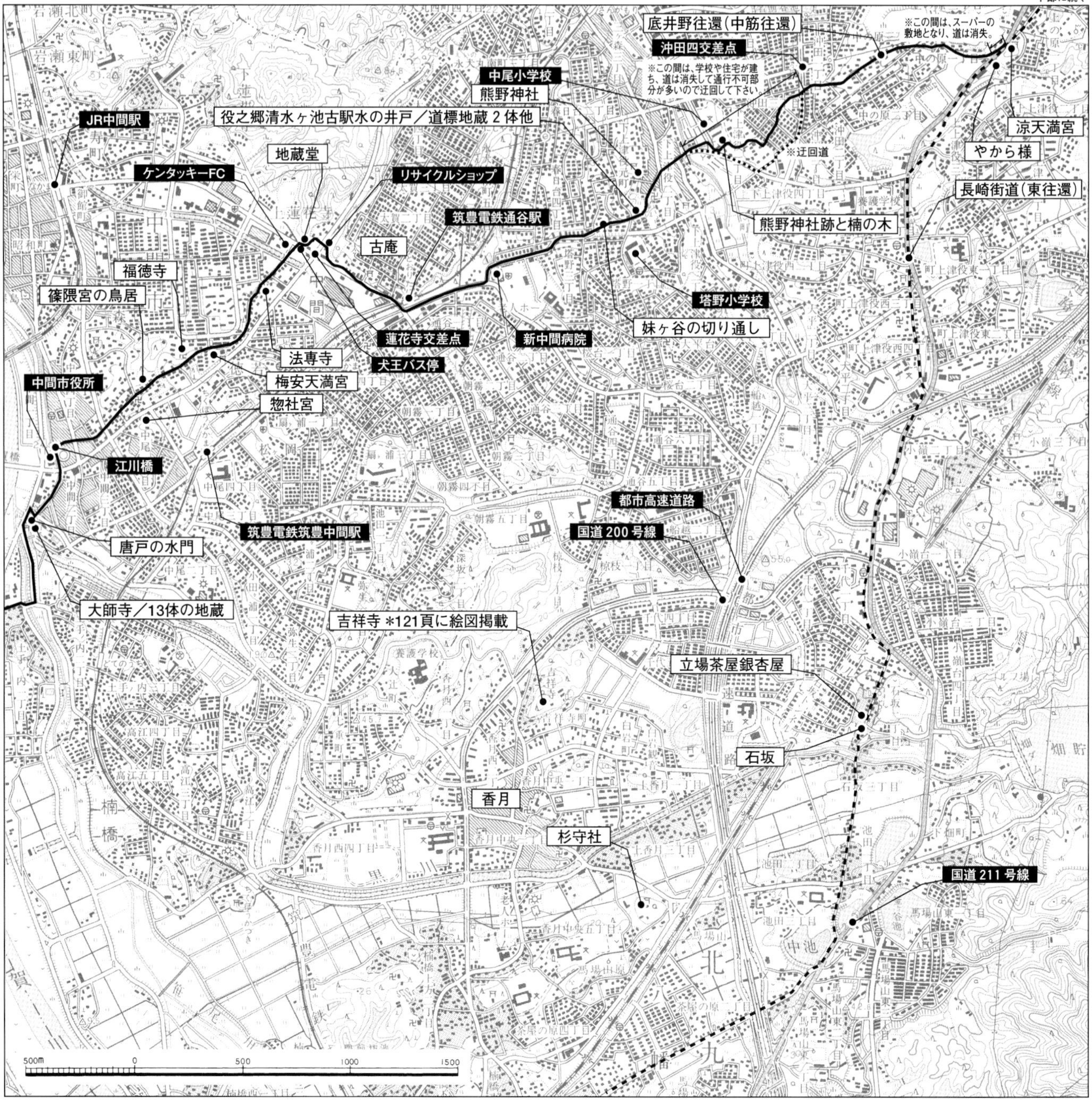

道は、砂利道で幅三〜四メートルあり、車が通れる道になっている。地元の人に聞くと、元からあった墓へと通じる細道を、山を削る工事のために近年開削して拡張したとのことである。五〇メートルほど坂道を進み竹林の道を行く。だらだらとした坂道と林を抜け、登りつめると荒五郎山の中腹の薬師院への道と出会う。杉木立の道は、そこからは急な下り坂となる。これは、どちらから登ってもこの峠はきつい、まさしく苦しケ峠（クルシケ峠）である。この峠を下り、黒橋（倉坂橋）に出る。

天神下、木月、上木月

黒橋（倉板橋）を渡り、ゆるやかな下り勾配で住宅が点在する街並を進むと、右にカーブする地点で石積みの二階建ての青瓦の家の奥に小高い森を見ることができる。その場所は以前、天神様が祀られていたところで、地元の古老は「天神下」という。

◆**天神下の菩薩像**［写真／撮影：2006.2.20］

現在は墓所になっているが、道から五メートルほど入ったところに小さな石仏がある。この石仏は、切り出した石材で造られた菩薩像で表情は判別しにくいが、細く丸い造作や、天衣と思われる模様などから、それと判別

◆**遠賀川**　垣生から遠賀川と唐戸水門を見る。筑前名所図会「吉田切祓の図」の中で遠賀川は本川として紹介されている。木造の唐戸水門は右上の水門の横にあり、現在でも市内を通る堀川に水を通している。[写真／撮影：2006.2.20]

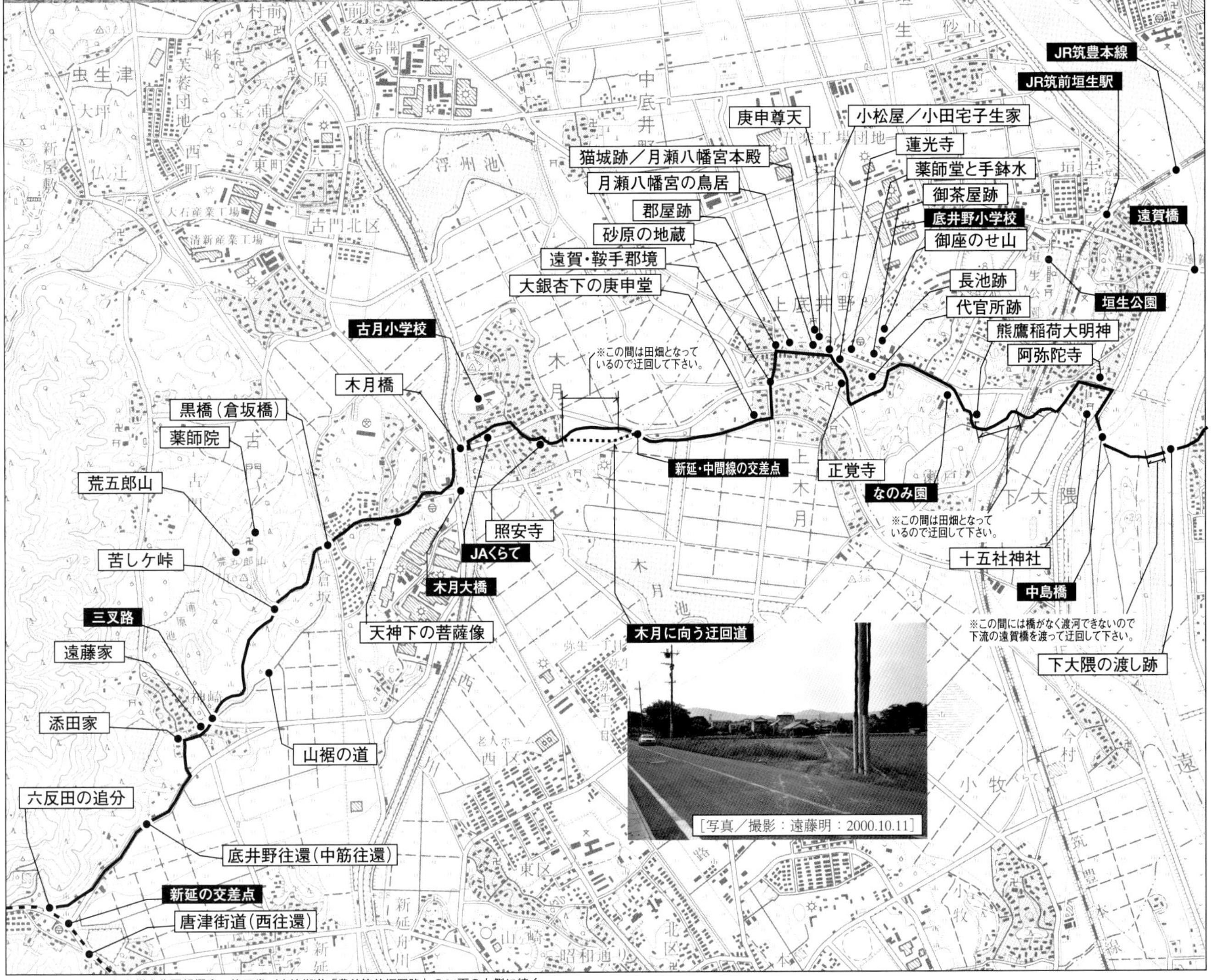

[写真／撮影：遠藤明：2000.10.11]

＊ 九州文化図録撰書・第五巻／唐津街道「豊前筑前福岡路」の84頁の右側に続く

できる。像の台座の前面に「奉納経西国三拾三所」また側面に「天明六丙午年　五月吉日　願主〇〇〇」と彫り込んであるが願主名は判別しがたい。地元の人が活けたと思われる柴が筒にある。なお天神様は近くの神社に摂社されている。道はこの天神下から約一五〇メートル進むと木月大橋、ここを過ぎて、西川の川沿いを約一〇〇メートルほど下った所にある木月橋に向かう。

木月の道は、その橋を渡り左の道に入る。古月小学校への通学路でもある。この道沿いには古い門柱や塀が見受けられる。右に鞍手町農業協同組合（ＪＡくらて）を見て進む。この通りの千手家には、この通りと現在の表通りにも玄関がある。左に古月小学校の校門を見て進み、右に曲がり表通りを横切り照安寺に向かう。寺の左横を通り、寺の駐車場まで道は残っているが、そこから先は田畑となり通れない。真直ぐ延びる農道で迂回する。

上木月へは県道の新延・中間線を斜めに横断する。木月池を右に見て進むと大きな銀杏の木と庚申堂があり、その先の信号を左に折れて進むと上木月交差点に出る。横断歩道を渡って一〇メートルほど進んだところに流れる小川が上木月（鞍手郡）と上底井野（中間市・旧遠賀郡）との境界である。

このように上木月と上底井野とは隣接する位置にある。また上木月には藩主が参勤交代の折にも臨時に宿が出来ている。臨時の宿のことを、夫（ふ）宿という。夫（ふ）宿については次のように記されている。

〇参勤交代と上木月の夫（ふ）宿

藩主が参勤交代の途次　底井野泊りの時は上木月にも足軽以下の夫宿が臨時にできた。

寛永六年十一月の控書に次のようにある

一、米九升六合　上木月払

右は御参勤遂し上木月にて夫宿米

◆黒田藩主宿館之図
絵馬は、月瀬八幡宮の本殿に掲げられている。額縁には「昭和三年十一月吉日」「小田國松「奉献」の銘があり、絵図中には「黒田藩主宿館之図」／一、寛永十五年二月御経営／一、寛政八年丑十一月御解除」「昭和三年十一月上□／龍白謹図(印)」の銘がある。
［写真上／撮影：2000.8.13］

◆月瀬八幡宮
後に見える小山は、猫城址で、頂上には月瀬八幡宮の本殿が鎮座している。初夏には古種大輪の「鹿の子百合」が急斜面に咲き誇り見事な景観を見せてくれる。
［写真右／撮影：2000.3.18］

◆上木月庚申堂の象の彫刻［写真上／撮影：2006.1.2］

上底井野村とお茶屋

上底井野は『中間市史』に、上底井野から上木月への道順と、当時の村の模様が次のように記されている。

「上底井野村には、下大隈より入ると、御茶屋（底井野小学校付近）、代官所と続き、正覚寺前より蓮光寺を経て、猫城八幡宮（月瀬八幡宮）の前を郡屋に至る。（中略）往還は郡屋前より地蔵前・砂原を経て上木月村に出ていた。地蔵前は中底井野の村口、常貞口への分岐点でもある」

と。従って、これを上木月から逆に案内すると、

「上木月村から上底井野村に進み行くと、地蔵前のある砂原に出る。ここは中底井野の村口で、常貞口への分岐点である。郡家、猫城八幡宮（月瀬八幡宮）と通り、蓮光寺前、正覚寺を経て代官所、お茶屋（底井野小学校付近）と続き、下大隈村へと抜けていた」となる。

この道の町並みをはさんで流れるのは山田川で、かつては川底が透いて見えるゆるやかで美しい水、そして青い藻が流れにゆれていた。また、この町並みには土蔵づくりの大きな家や町家がこの山田川をはさんで建ち並び繁栄していた。今でも白壁造りの家が点在しており、歴史を感じさせてくれる。

月瀬八幡宮は、その所在となる小山は高さ二〇メートルの円錐状で、頂上部は上下二段の平坦地に分かれている。最初は豪族麻生氏の端城といわれ、その後、天正六年（一五七八）に宗像氏の支配下となる。

また『中間市史』には次のように紹介されている。

◆上木月庚申堂の大銀杏
往還は信号のところで左に曲がり、上底井野に向かう。
［写真上／撮影：2000.8.6］

［下の２点は遠藤明撮影：2000.4.7］

◆消失した往還　赤い鳥居とその位置から見えるガード下の区間［写真上］◆下大隈の中島橋［写真下］

◆御座のせ山［写真上／撮影：2006.3.4］
◆正覚寺と往還［写真下／撮影：2000.8.14］

◆薬師堂［写真上／撮影：2005.5.8］
◆蓮光寺　右の小道が往還。［写真下／撮影：2006.3.4］

「月瀬八幡宮は、寛永十五年（一六三八）に、二代藩主の黒田忠之が底井野に別館を造営するにあたり、浅木神社の宮司佐野正安に命じて猫城跡に社殿を造営し、宇佐八幡宮を勧請鎮祭したもので、社名はもと猫城八幡宮と称していたものを慶安四年（一六五一）月瀬八幡宮に改称、また近年有志により猫城跡の記念碑が建立されている。」

　その月瀬八幡宮の本殿には「黒田藩主宿館之図」の絵馬が掲げられている。

　月瀬八幡宮から六〇メートルほど進んだ左手に「小田宅子生家の跡」の石碑が見える。商家「小松屋」女主人小田宅子は、鞍手郡古門村の国学者伊藤常足の門人で、家業を盛り立て、五十三歳のときに芦屋の歌人仲間「米伝」女主人桑原久子他と伊勢参宮の旅に出て、そこから足を延ばして善光寺、日光へと一四四日間八〇〇里の大旅行をした。旅日記を歌にし、およそ三七〇首を含めた紀行文『東路日記』をまとめ上げている。

『東路日記』は近年、福岡女学院短期大学の前田淑名誉教授により『近世女人の旅日記集―東路日記解題』で紹介され、さらに作家の田辺聖子により『姥ざかり花の旅笠―小田宅子の「東路日記」』（集英社）が単行本として刊行された。なお、俳優の高倉健（本名小田剛一）は小田宅子の子孫で、著書『あなたに褒められたくて』（集英社）の中で「祖先の霊と僕の魂が呼合う」の項で宅子さんのことについてふれている。

　往還は、小田宅子の石碑の辺りから道を斜に横断して蓮光寺の右側の細い道を進み、三〇メートルほどで正覚寺の門前に出る。そこから代官所跡を左奥に見て、左回りに二〇〇メートル進んだところで山田川のところに出る。そこは御茶屋の東の外れになる。

　御茶屋の跡は、現在、底井野小学校が建っているが、その広さは二町余り（二万平方メートル）あったといわれている。「黒田藩主宿館之図」に描かれている後方の山は「御座のせ山」という。遊覧の席を設けられたことから、そのように名付けられたという。その前に見える長池は、現在、底井野小学校のグランドになっている。

　また、文献『里諺抄《りげんしょう》』（『底井野覧古』）が、お茶屋の様子について詳しく紹介している。そのなかで庭にあった花木について触れ「百日紅の木は蓮光寺、正覚寺両寺にうゆる也」という記載がある。その木は正覚寺境内に今も残っている。住職の話によると、一時枯れたが根っこから出た枝が成長し、夏から秋にかけて鮮紅色の小花を群がり咲かせているということである。

下大隈の通り

　底井野から下大隈への道は、老人ホーム「なのみ園」の前を右に入り、道なりに一五〇メートルほど進むと、左に赤い鳥居と熊鷹稲荷大神様を祭った家があり、往還は、その前から東に向かって、その斜め延長線上にある筑豊本線下のガード下までつながるが、その道は昭和二十七年の農地整理等で田畑となり、現在は消失している。

　下大隈に入ると、道筋の家並みの奥には白壁造りの家が数軒見え隠れする。この道について、下大隈在住の人の話によると、子供の時分、祖父から、よく「えっさっさ道を通って云々」と言われたことを覚えている、という。このような言葉に当時の行列の様子が彷彿される。

　つきあたりが遠賀川で『筑前名所図会』には本川と書かれている。当時ここから中間村に渡り（垣生村より岩瀬村に渡る場合もある）黒崎宿に出ていた。これらの渡しの位置も年代によって変わっている。そのことについては、川の度々の氾濫により流れが変わったとか、または水位の変動によるものではないとかの見方もある。

［この頁の左側の写真２点は遠藤明撮影で2000.4.7／右側２点の撮影は編集部撮影で2006.2.20］

◆**梅安天満宮**

◆**江川橋**　往還は右側から進んできて曲がり、画面奥に進む。

◆**大師寺の地蔵**　延享４年(1747)の銘。他に13体の地蔵がある。

◆**唐戸の水門**　「吉田切秡の図」の右上部に唐戸の水門が見える。本川（遠賀川）から中央に見える水路（堀川）に水を通す。

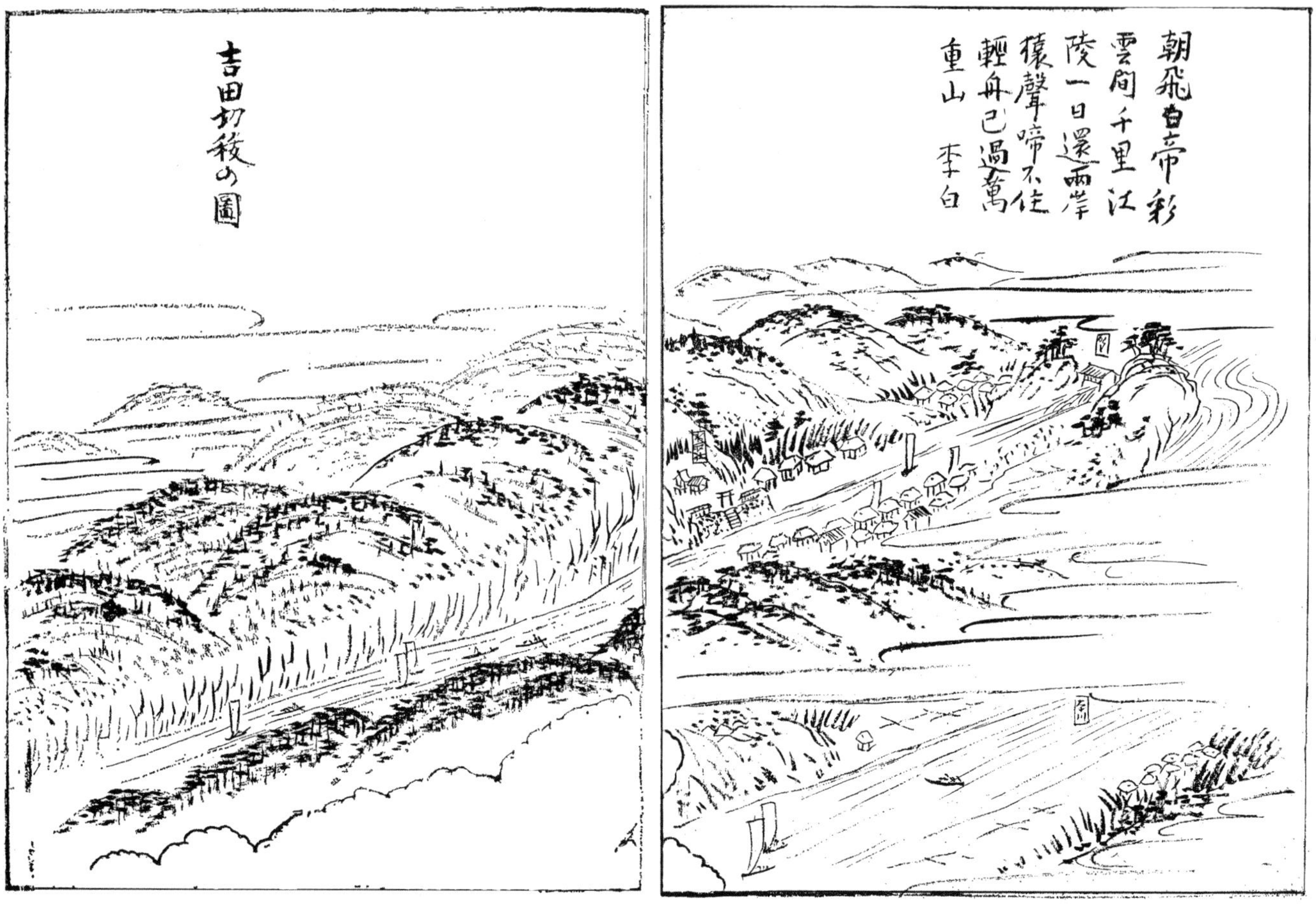
吉田切秡の圖
朝飛白帝彩
雲間千里江
陵一日還両岸
猿聲啼不住
輕舟已過萬
重山　李白

◆**筑前名所図会／吉田切秡の圖**　奥村玉蘭筆（福岡市立博物館 所蔵）

中間村から黒崎宿へは

中間村に渡り黒崎宿への経路は、中間村、岩瀬、吉田、則松、陣原、貞元より熊手村乱橋に出て、直接黒崎宿に至る道。また、中間村古庵より妹ケ谷を抜けて下上津役村に出て、上《うえ》の原《はる》（涼《すずみ》）天満宮の前で長崎街道に合流する道の二つの順路がある。

このうち、中間村古庵《ふるあん》より妹ケ谷《いもがたに》、下上津役《しもこうじゃく》村を経由して、長崎街道上の涼天満宮に出る道を辿ってみる。

下大隈から中間村に渡る。渡ってすぐに、唐戸の水門が見える。水門の奥の大師寺の前を通り、堀川沿いに進んで、現在、中間市役所下の堀川に懸かる旧大橋（現在は「江川橋」の表示）に出たところで直角に右に曲る。

そのまま真直ぐ三〇〇メートルほど進むと廃止された旧国鉄香月線跡で、今は「もやい通り」という名称がつけられた道路がある。そのガード下を通り、少し進むと通りには惣社宮に合祀された篠隈宮の鳥居があり、また大永年間（一五二一～一五二七）に村人によって太宰府天満宮より勧請されたと伝えられる梅安天満宮がある。

中間村古庵へは、そのまま進んで住宅の間を抜ける。右手に法専寺をみて一五〇メートルほど進み、曲川に架かる橋を渡り犬王に入る。市道を横断し、犬王のバス停のところから山裾に沿って五〇メートルほど進み、突き当りを右に曲がる。そこから真直ぐ進んで県道を横断して古庵に入る。古庵の山裾に沿って歩くとダイエーの前の市道に出る。古庵の現在は太賀団地となっている。

妹ケ谷への道は、市道の御館・通谷線を香月方面に向かい、筑豊電鉄の踏切を渡り、新中間病院手前から左の道に入る。この道の手前に妹ケ谷への旧道の名残りを見せているところがある。そこは、市内を流れる曲川の上

［この頁の左端の写真は編集部撮影で2006.2.20／右側３点の撮影は遠藤明で2000.4.7］

◆下上津役の熊野神社跡と大楠

◆地蔵と井戸　画面左側に井戸、地蔵は外と祠の右奥に見える。

◆役之郷清水ケ池古駅水の地標

◆妹ヶ谷の切り通し　往還は奥に見える切り通しから手前に出てくる。画面右側の茂みに古駅水の井戸と道標地蔵が見える。

◆筑前名所図会／吉祥寺・香月村　奥村玉蘭筆（福岡市立博物館 所蔵）

流に架かる橋があり、橋から線路に沿って東に五〇メートルほど道が残っている。この道が妹ケ谷への旧道といわれている。現在、妹ケ谷のすぐ上は、北九州市域の春日台および塔野地区の団地となっている。

近くに昭和四十三年から移り住んでいる人の話では、「今は団地になっているが、当時この地区は山であり、谷間の道を通り中間方面に出かけていた。夏は涼しく壁面からは水が滴っていた」という。

役《やく》之《の》郷《ごう》清《しょう》水《ず》ケ《が》池《いけ》古《こ》駅《えき》水《すい》

妹ケ谷の切通しを下って行き、交差点のすぐ先の道路脇の左側に、下上津役の役之郷清水ケ池古駅水がある。案内板が無ければ見落としてしまう。すぐ側に住む人の話では、昭和二十六年に移った当時、ここから妹ケ谷の間に、家は一軒しか無かったそうである。

その役之郷清水ケ池古駅水の井戸の横には「右あかまみち／左やまみち」と刻まれた道標地蔵が残っている。この道標の「あかまみち」は妹ケ谷を抜けて通谷への道を意味し、「やまみち」は朝霧方面への山越えの道を意味する。銘は「寛延元辰年」（一七四八）となっている。傍らには、下上津役と上の原の間にあった「右やまみち／左くろさき道」と刻まれた道標地蔵が移されている。

ひっきりなしに車は通るが、その脇の、清水ケ池古駅水だけはひっそりとしている。

長崎街道（東往還）上の、涼天満宮がある上の原から、下上津役、妹ケ谷、古庵を通り、遠賀川を渡って下大隈、上底井野、上木月、天神下、クルシケ峠、神崎を経て、唐津街道（西往還）上の六反田に至る底井野往還（古門往還／御成り道／殿様道）と呼ばれた中筋往還の証がここに残っている。［えんどう　あきら］

引用参考文献（／の後につく数字は、参考にした執筆者の章のナンバー）

『門司郷土叢書』門司市／2
『日本史史料集』光文館／2
『ホームアトラス日本列島』平凡社／2
『象の旅』早坂昌三　新潮社／2・10
『シリーズ／門司と小倉の歴史から九州がわかる話』田郷利雄　福田印刷ＫＫ／2
『歴史資料集』光文館／2
『小倉市史』名著出版／3
『北九州市史』北九州市／3・5
『豊前叢書』豊前叢書刊行会　藤真沙夫編　国書刊行会／3
『小倉城下町調査報告書』北九州市小倉北区／3
『龍吟成夢』小倉藩政史研究会／3
『中・近世の豊前紀行記』美夜古郷土史学校　古賀武夫編／3
『豊前太平記』原田夢果史著／3
『万葉集（日本古典文学体系）』小学館／4
『太宰管内志（上）筑前国』伊藤常足　歴史図書社／4
『江戸時代史』三上参次　講談社／4
『八幡繁昌記』秦清版／4
『増補改訂遠賀郡誌』代表　加瀬康作　遠賀郡誌復刊刊行会／4
『八幡市史』発行　中村安孝　名著出版／4・5
『黒崎の里』所収「黒崎の思い出」／4
『鞍手郡誌』鞍手郡教育会／5
『直方市史』直方市史編さん委員会／5
『鞍手町誌』鞍手町誌編集委員会／5・12
『遠賀町誌』遠賀町誌編纂委員会／5
『遠賀郡誌』遠賀郡教育会／5
『中間市史』中間市史編纂委員会／5・12
『嘉穂郡誌』嘉穂郡役所刊／5・7
『飯塚市誌』飯塚市誌編纂委員会／5
『木屋瀬町誌』木屋瀬町誌編纂委員会／5
『日本の路』大島延次郎　至文堂／5
『街道と宿場』丸山雍成／5
『宿場と街道』児玉幸多　東京美術／5
『筑前の街道』近藤典二　西日本新聞社／5・8・11
『西南地域史研究第8輯』所収「福岡藩の御茶屋と町茶屋」近藤典二／5
『江戸の旅』今野信雄　岩波書店／5
『近世おんな旅日記』柴桂子　吉川弘文館／5
『九州の道いまむかし』九州建設局　葦書房／5
『近世宿駅制度の研究』児玉幸多　吉川弘文館／5
『測量日記』伊能忠敬／5
『宿場』児玉幸多　東京堂出版／5
『長崎街道をゆく』松尾卓次　葦書房／5
『伊能図で甦る古の夢・長崎街道』河島悦子　ゼンリンプリンテックス／5
『筑前の長崎街道』松尾昌英　みき書房／5
『筑前國續風土記』貝原益軒編　文献出版／5
『福岡県地名大辞典』／5
『福岡県史資料、藩民政誌略』／5
『平井家文書、郡記録』／5
『福岡県史資料第四輯、郡役所記録』福岡県／5
『福岡県史近世史料編、年代記（一）の「万年代記帳」』西日本文化協会／5
『福岡県史、近世研究編、福岡藩（一）（二）』西日本文化協会／5
『林家文書』福岡藩抱宮大工林家、筑前六宿御茶屋町茶屋書留／5
『松尾本、諸通執行の定』／5
『木屋瀬風土記』梅下茂連、寛政二年／5
『新訂黒田家譜』第二巻　川添昭二・福岡古文書を読む会　文献出版／7・8
『地図と絵で見る飯塚地方誌』所収「飯塚宿の特異性」近藤典二　元野木書店／7
『大隈言道櫻の歌』新開富太郎　サン印刷工芸社／7
『近世九州俳壇史の研究』大内初夫　九州大学出版会／7
『筑穂町誌』筑穂町／9
『江戸参府紀行』シーボルト　平凡社　東洋文庫／9
『大君の都・幕末日本滞在記』オールコック　岩波文庫／9
『福岡県地域史研究／第9号』所収「内野家と内野家文書について」池畑裕樹／9
『筑前山家今昔』近藤思川　郷土史思川叢書編輯所／10
『筑前六宿山家風土記』近藤思川　思川建碑期成会／10
『徳翁山田芳策伝』近藤典二／10
『筑紫野市史』筑紫野市史編さん会／10
『福岡地方史研究会会報』第21号所収「福岡藩の関番所と郷足軽」近藤典二／11
『福岡地方史研究会会報』第22号所収「関番所と郷足軽」近藤典二／11
『筑前原田宿』筑紫野市文化財調査報告書第44集　筑紫野市教育委員会編／11
『「従是筑前国」銘国境石』筑紫野市文化財調査報告書第45集　筑紫野市教育委員会編／11
『昭和十～十五年頃の原田居住者見取図』日東山伯東寺仏教壮年会／11
『ちくしの散歩』筑紫野市教育委員会編／11
『文化の道・「旧長崎街道」と底井野「御茶屋」展』中間市歴史民俗資料館／12
『東路日記・小田宅子展』特別展図録　中間市歴史民俗資料館／12

本書に掲載した福岡県下の長崎街道と底井野往還

国土地理院発行の20万分の１地勢図（福岡）を、87％に縮小して使用。

黄枠 青枠 の範囲の拡大図を、白抜き文字 の頁に掲載。 赤色のラインは長崎街道。 青色のラインは底井野往還。 草色のラインは唐津街道。

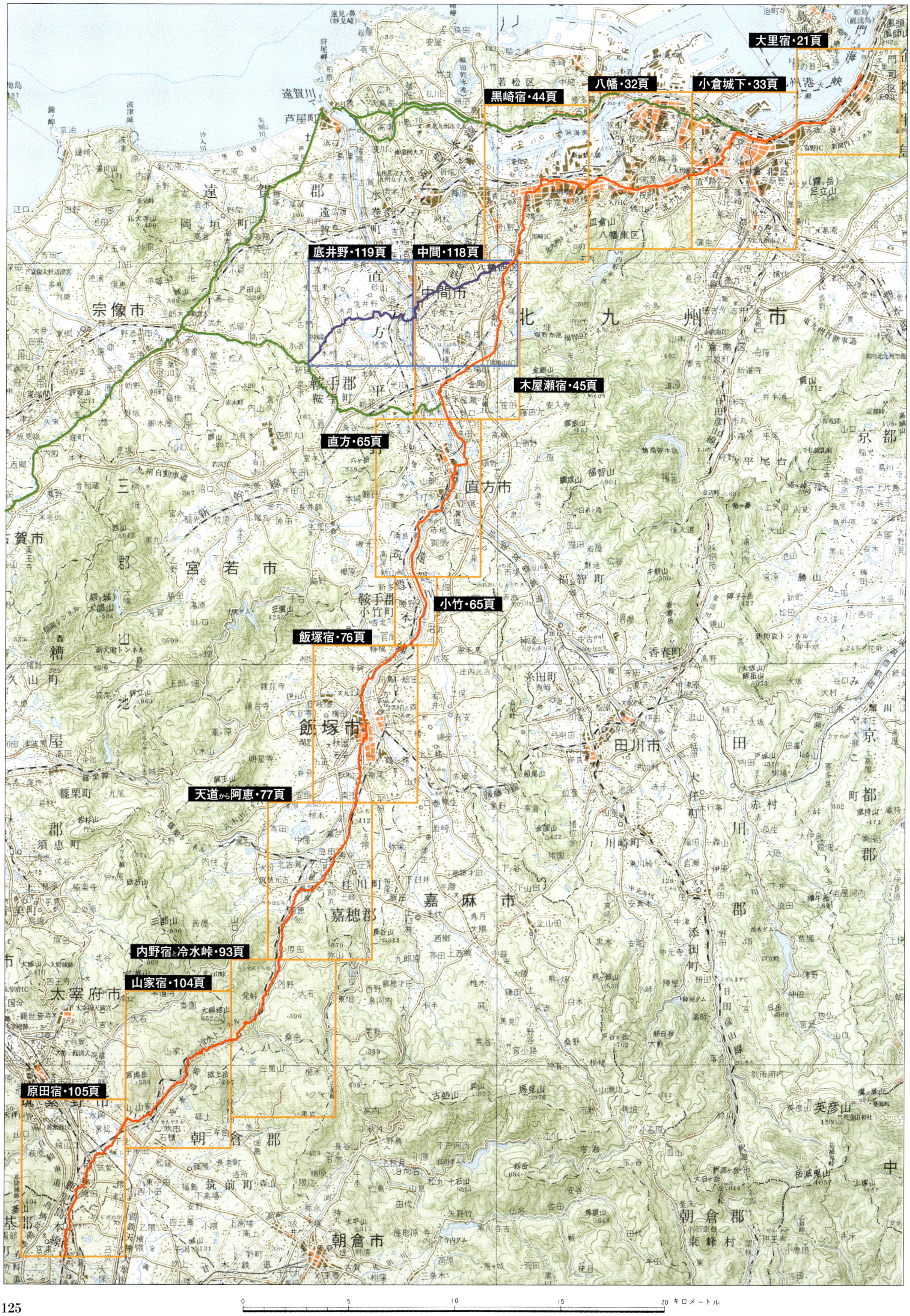

執筆者紹介

稲富裕和（いなとみひろかず）

◆一九五三年　長崎市生まれ
◆法政大学文学部史学科卒（考古学専攻）
◆福岡県文化課調査員、長崎市文化課嘱託、長崎県文化課嘱託を経て、昭和五十四年から大村市教育委員会で文化財の調査に従事。大村市教育委員会文化振興課長（学芸員）。現在、大村市総務法制課参事。長崎県考古学会事務局。
『大村史話続編二』所収「土に埋もれた歴史」（大村史談会）一九八六
『長崎街道大村路』所収「南蛮貿易」（長崎街道シンポジウム等実行委員会）一九九八
『大村の明治と日本画家荒木十畝』（大村市教育委員会）一九九九

丸山雍成（まるやまやすなり）

◆一九三三年　熊本県玉名市生まれ
◆東北大学大学院文学研究科博士課程（国史学専攻）
◆駒沢大学文学部講師・助教授を経て、九州大学九州文化史研究施設助教授・教授・施設長（大学院文学研究科教授併任）、同大学院比較社会文化研究科教授。定年退官後、九州大学名誉教授、西南学院大学文学部教授（同大学院文学研究科教授併任）
※日本学士院賞受賞［95年度］
『近世宿駅の基礎的研究』第一／第二（吉川弘文館）
『日本近世交通史の研究』（吉川弘文館）
『九州――その歴史と現代――』（文献出版）
『封建制下の社会と交通』（吉川弘文館）

田郷利雄（たごうとしお）

◆一九三五年　台湾馬公市生まれ
◆福岡学芸大学本校卒業
◆北九州市立小学校長で、平成八年退職。同年から平成九年三月末、北九州市立公民館長で再就職。現在は郷土史家として郷土史・女性人権史・人権と同和問題等の講師として講演活動中。
◆学校教育関係を除く主な著書として、
児童生徒向き『門司の歴史ものがたり（全三巻）』『門司の伝説ものがたり』『小倉の歴史ものがたり』
一般向き、シリーズ『ふくおか人物誌二』『日本史に光る女性二二話』シリーズ一『門司と小倉の歴史から九州がわかる話（全三八巻）』シリーズ二『戸畑・八幡・若松の歴史から日本と世界の歴史がわかる話（全一六巻）』『門司港駅ものがたり』『新・門司港駅ものがたり』

稲津義行（いなつよしゆき）

◆一九二九年　田川郡添田町生まれ
◆福岡第二師範学校卒
◆元北九州市立小学校長。
元北九州市立霧丘公民館長。
小倉郷土会会員、長崎街道小倉城下町の会理事、足立山麓文化村助役。
『足立山麓の歴史と民俗』（霧丘公民館）平成三年
『足立山麓文化資源基礎調査報告書』（北九州市）共著　平成八年
『小倉城下町調査報告書』（北九州市）共著　平成九年
『小倉西部地区調査報告書』（北九州市）共著　平成九年

前山利治（まえやまとしはる）

◆一九三五年　北九州市八幡西区生まれ
◆八幡郷土史会顧問、黒崎郷土史会顧問。
『北九州市職員公報七五文化教養特集号』所収「岡縣主祖熊鰐考」
『黒崎之里一一号』所収「夜久（永犬丸）安才野（竹末）の生い立ち」
『黒崎之里一二号』所収「八幡の地名」
『黒崎之里一三号』論文「鷹見権現社」

水上裕（みずかみひろし）

◆一九二五年　北九州市八幡西区生まれ
◆二〇〇九年七月逝去
◆国立旧制福岡高等学校文科甲類
◆福岡県立高等学校校長（最終 戸畑高等学校）を経て、私立九州女子短期大学講師、私立東筑紫短期大学講師。
元北九州市立木屋瀬資料館館長。
木屋瀬みちの郷土史料保存会会長。
随想『去年今年』

牛嶋英俊（うしじまえいしゅん）

◆一九四六年　直方市生まれ
◆同志社大学文学部文化学科卒（考古学専攻）卒
◆福岡県文化財保護指導委員、日本考古学協会会員。
『筑豊を歩く』（海鳥社）共著／『直方市史』共著
『筑豊の百年』共著
『太閤道伝説を歩く』（弦書房）
『飴と飴売りの文化史』（弦書房）
論文「歴史地理学的にみた直方城下町の成立」「近世身代り考」

嶋田光一（しまだこういち）

◆一九五四年　嘉穂郡庄内町生まれ
◆熊本大学大学院文学研究科（史学専攻）修士課程修了
◆飯塚市歴史資料館館長（学芸員）
◆日本考古学協会、東洋陶磁学協会会員。
『福岡県地名大辞典』（角川書店）共著
「ふるさといいづか歴史の散歩道」
『庄内誌』共著

百富進美（ももどみすすみ）

◆一九二四年　嘉穂郡筑穂町生まれ
◆筑穂町桑曲で農業に従事。
『嘉飯山郷土研究会会報』論文「内野宿長世庵由来」ほか

大町秀一（おおまちしゅういち）

◆一九五〇年　嘉穂郡筑穂町生まれ
◆西南学院大学商学部経営学科卒
◆内野ふるさと創生会事務局長／内野郵便局長

深町希彦（ふかまちまれひこ）

◆一九二六年　三潴郡大木町生まれ
◆山家の史跡等を守る会事務局長

山村淳彦（やまむらあつひこ）

◆一九五三年　前原市生まれ
◆別府大学文学部史学科（日本史専攻）九州大学史学科研究生
筑紫野市歴史博物館「ふるさと館ちくしの」主任主査（学芸員）
『筑前原田宿』筑紫野市文化財調査報告書第四集（共著）
『武蔵寺と二日市温泉』特別展図録（共著）
『民俗料理はいかが？』

遠藤　明（えんどうあきら）

◆一九三〇年　北九州市八幡東区生まれ
◆国鉄門司鉄道管理局広報課長で、昭和六十一年退職。
元財団法人交通道徳協会　福岡鉄道少年団団長。
◆元中間市上底井野公民館長

編集部使用文献・図版・絵図

『象志』長崎県立長崎図書館　許可（12長図第1号）
『筑前名所図会』福岡市博物館　許可（福市教博第135号／福市教博第785号）
『直方御惣郭御絵図』直方市教育委員会　許可（直教文第39号）
『豊国名所図絵』『西国内海名所一覧』『小倉藩士屋敷絵図』北九州市立歴史博物館　許可（北九教歴博歴第27号）
「飯塚市歴史資料館」の資料については、申請後、了解の上、学芸員嶋田光一氏の立会いのもとで絵図を撮影した。
「ふるさと館ちくしの」の資料については、申請後、了解の上、学芸員山村淳彦氏の立会いのもとで絵図を撮影し、撮影できないものについては写真を借用した。
『内野太郎左衛門の図』内野尊夫氏所蔵
『内野宿本陣図』安田家久氏所蔵
『京二屋善衛門の宿の図』山田稔氏所蔵
『黒田藩宿館之図』は、月瀬八幡宮の宮司、佐野正稔氏の立会いのもとで絵図を撮影した。
『小田清七宅子夫妻肖像画』小田満二氏所蔵

ご協力いただいた方々（敬称略）

志摩町・丸山雍成（九州大学名誉教授）
筑紫野市・河島悦子（旧長崎街道を歩く会主宰）
長崎市・釘田雅昭（長崎県立図書館指導主事）
北九州市・永尾正剛（北九州市立歴史博物館歴史課長）
直方市・増井幸憲（直方郷土研究会理事）
鞍手町・古後憲浩（鞍手町歴史資料館学芸員）
鞍手町・遠藤典男（遠藤本家当主）

鞍手町・千手卓郎
中間市・正野﨑武貞（学芸員）
中間市・井野口善春（正覚寺住職）
中間市・佐野正稔（月瀬八幡宮宮司）
中間市・松本光臣
中間市・石井　司
中間市・真鍋トミ子

中間市・小田満二（小田家）
桂川町・内野尊夫（内野家第十六代当主）
筑穂町・安田家久（内野宿小倉屋）
筑紫野市・山田　稔（郷土史家／ふるさと館ちくしの協議会委員）
筑紫野市・味酒安英（筑紫神社宮司）
筑紫野市・山田明徳（山家細川本陣）

九州文化図録撰書刊行に際して

一本の道が「異文化の情報」の媒体だった時代があった。
今や「異文化の情報」は、パソコン回線を通じて瞬時に机上に現れる。
グーテンベルク以来「印刷媒体は人を幸せにするか」という命題が、
二十世紀半ばからは「テレビは人を幸せにするか」
そして今「デジタルは人を幸せにするか」という命題が、
人類につきつけられている。
情報の質とスピードこそ違うが、発信についての真摯な態度こそ、
常に求められるあるべき姿だと考える。
人びとのゆたかさと幸福のために、情報と文化の果たす役割は何か。
印刷媒体に何ができるのか。それを考え続けることが、
わたしたちの使命であり、責任であると思う。

平成十二年十一月
福岡市小笹にて
遠藤順子

［九州文化図録撰書］ Volume 1
An Anthology of Selected Depictions of Kyushu Culture

長崎街道

大里・小倉と筑前六宿

内宿通り底井野往還

あとがき

長崎街道は、子どものころから、私の日常の道だった。小学生のころ、飯塚にいる父方の伯母のところに夏休みになると遊びに行き、本町通りの井筒屋で冷たいおやつを食べることが楽しみだった。また、母方の伯母の家に行く道は、木屋瀬に続く香月から馬場山緑の通りだった。小倉や黒崎にも家族でよく出かけた。父の転勤が多かったので、いくつかの街道沿いの町には住んだこともある。直方高校への通学路の一部は長崎街道だった。そのころは、それらの道が物語を秘めた歴史の道だということなど知らなかった。

今回、それらの場所に取材撮影のために頻繁に足を運んだ。忘れていた風景を何十年かぶりに確認できたのはもちろんであるが、楽しかったのはそのことだけではない。

歩くたびに何か新しい発見があった。国境石、歴史に記録された古い建物や樹木、石畳、また、宿場をつくった人びと、象を江戸に運ぶプロジェクト、最新の踊りを持ち帰った町衆、逃げる男女と追っ手、宿場のファストフード店、ドイツ人医師にイギリス人公使、のちに維新の人材を育てることになる青年……と、江戸時代のいろいろな旅と生活を、今でも感じることのできる道なのだ。長崎街道の魅力を紹介したい。その思いでこの本を作りました。

執筆をこころよく引き受けてくださった方々、資料写真等の貸出・撮影にご協力いただいた関係各位に、この場をお借りしてお礼申し上げるとともに、読者各位からも、ご教示・ご鞭撻いただけたら幸いに存じます。

遠藤　薫

初版発行　平成十二年（二〇〇〇）十一月三十日
二版発行　平成十四年（二〇〇二）七月十日
三版発行　平成十八年（二〇〇六）四月十日
四版発行　平成二十一年（二〇〇九）十二月十日

編集／図書出版のぶ工房
発行人／遠藤順子
編集人／遠藤　薫
福岡県福岡市中央区小笹一—一五—一〇
カメリア小笹三〇一号
〒八一〇—〇〇三三
郵便振替〇一七一〇—七—四三〇二八
電話　〇九二—五三一—六三五三
ファックス〇九二—五二四—一六六六
印刷／大同印刷株式会社
製本／篠原製本株式会社

ISBN 978-4-901346-01-6 C0325 ¥2300E